Inhalt

GRAZ
Waldlilie
Landhaus in Krieglach
Geburtshaus
Kirche in Krieglach

Zum Geleit

Als am 26. Juni 1918 der steirische Schriftsteller Peter Rosegger seinen Lebensweg beendete, verneigte sich das ganze Land voll Bewunderung vor seinem erstaunlichen Wirken. Seine Begabung, das Leben in all seinen Facetten auf Papier zu bringen, führte den Waldbauernbuben zur dreifachen Ehrendoktorwürde. Bereits zu Lebzeiten wurde Peter Rosegger zu einem international gefeierten Dichter und Aushängeschild der steirischen Literaturszene. Die Begeisterung von damals ist – beflügelt noch durch die sehenswerten Verfilmungen – erhalten geblieben und auch heute noch, ein Jahrhundert später, erfreut sich Peter Roseggers umfangreiches Werk großer Beliebtheit.

Peter Rosegger hat als kundiger Historiograf einen der bedeutendsten Zeitabschnitte der steirischen Geschichte, der von der Revolution 1848 bis zum Ende der Habsburger Monarchie reichte, für die Nachwelt festgehalten. Sein Wirken reichte weit über die Dichtung, mit der er den Reiz der Waldheimat schilderte, hinaus, denn Rosegger war auch als Journalist tätig und bediente sich dabei bereits der Formen des Medienwesens, die heute als modern gelten, wie etwa Sozialreportagen und Sensationsjournalismus. Darüber hinaus sorgte er mit seinem grimmigen Humor bei der Leserschaft seiner Zeitschrift *Heimgarten* regelmäßig für Verblüffung.

Der vorliegende Bildband zeigt alle Facetten des Wirkens des großen steirischen Schriftstellers, der von der Waldheimat aus die Literatur bis in die Gegenwart prägt. An dieser Stelle danke ich auch dem Autor dieses Buches Professor Gerald Schöpfer, der mit seinem Werk einen Beitrag dazu leistet, dass auch für die Zukunft das Andenken an Peter Rosegger Bestand hat. Ein steirisches „Glück auf!“

Hermann Schützenhöfer
Landeshauptmann der Steiermark

Links: Stahlstich aus einer sechsbändigen Roseggerausgabe des Jahres 1891, wichtige Stationen in Roseggers Leben zeigend: Graz an der Mur mit Schloßberg, die Statue der Waldlilie im Grazer Stadtpark, das Geburtshaus Roseggers in Alpl, das Landhaus des Dichters in Krieglach, die Kirche von Krieglach.

Oben: Steirisches Wappen mit Panther und Herzogshut.

Angerer
WIEN
IX. WAISENHAUSGASSE 16.

Wer war Peter Rosegger?

Peter Rosegger zählt zu den bekanntesten und meist gelesenen Schriftstellern Österreichs. Er hat ein überaus umfangreiches Werk hinterlassen, das auch heute noch auf das Interesse einer breiten Leserschaft stößt.

Links: Peter Rosegger auf einer um 1875 in Wien aufgenommenen Fotografie.

Zahlreiche Verfilmungen seiner Texte präsentieren Rosegger meist zur vorweihnachtlichen Einstimmung oder als romantische Rückbesinnung auf eine längst verlorene Welt. Gerade in einer unsicher gewordenen Gegenwart kommt der mediale Rückgriff auf eine angeblich heile bäuerliche Welt den nostalgischen Bedürfnissen entgegen. Wenngleich Peter Rosegger aus den meisten Schul-Lesebüchern verschwunden ist, kehrte er durch das Fernsehen doch wieder als Medienstar in die Wohnzimmer zurück und erlebte damit eine erstaunliche Renaissance.

Roseggers ungewöhnlicher Lebensweg von 1843 bis 1918 faszinierte nicht nur seine Zeitgenossen. Sein

Roseggers Geburtshaus, 1895.

Der Waldbauernbub Peter K. Rosegger nach einem Aquarell aus dem Jahr 1854 von Alois Schönn. „Kindheit im Walde! Wenn die Städter wüßten, was das bedeutet –". Peter Rosegger.

Aufstieg vom armen Waldbauernbuben zu einem auch international bekannten und gefeierten Schriftsteller, der sogar „nobelpreisverdächtig" war, ist ein ungewöhnliches Phänomen.

Lange sah man in ihm vor allem den freundlichen Heimatdichter. Doch es gab auch einen „anderen" Rosegger, der als kritischer Journalist sehr satirisch und auch kantig sein konnte und der sich mit vielen Zeitgenossen anlegte.

Ohne Zweifel: Er war ein charaktervoller Mann des aufrechten Gangs. Er war aber auch ein Zeitgenosse des aufkommenden Nationalismus und er war nicht vor allen Irrungen seiner Zeit gefeit.

Peter Rosegger hinterließ ein beachtliches Lebenswerk, er war ein überaus kreativer Schriftsteller und Journalist, dessen Standpunkte nicht immer widerspruchslos hingenommen wurden. Er hat der Nachwelt sehr viel hinterlassen und es gab kaum eine weltanschauliche oder politische Gruppierung, die ihn nicht zu vereinnahmen versuchte. Auf den folgenden Seiten sei sein Lebensweg nachgezeichnet.

Peter Rosegger wurde am 31. Juli 1843 auf einem 1.200 Meter hoch gelegenen Bergbauernhof am Alpl geboren, welcher den Hausnamen „Unterer Kluppenegger" trug. Dieser bereits 1500 erstmals urkundlich erwähnte Hof mittlerer Größe liegt recht abgelegen in der obersteirischen Waldeinsamkeit und die nächstgelegene etwas größere Ansiedlung war die Marktgemeinde Krieglach im Mürztal, etwa drei Gehstunden entfernt.

Zur Zeit Peters Geburt hatte das Anwesen mit Feldern, Weiden, Wiesen und Wald ein Ausmaß von circa 58 Joch. Neben der Hofanlage mit dem Wohnhaus und den Stallanlagen für etwa 20 Rinder, mehrere Schafe, Schweine und viele Hühner standen auf dem Gelände auch Scheunen und Stadeln für Getreide,

Folgende Doppelseite: Roseggers Geburtshaus in Alpl. Fotografie von Jakob Hiller.

Peter Roseggers Geburtshaus nach einem Gemälde von Anton Reckziegel. Ansichtskarte des Österreichischen Lehrerbundes, Ausschuß zur Errichtung eines Rosegger-Lehrerheimes.

LINKS OBEN: Wohnstube in Roseggers Geburtshaus. LINKS UNTEN: Vorflur. RECHTS: Kachelofen in der Geburtsstube.

RECHTE SEITE OBEN: Herd im Roseggergeburtshaus, 2017.

RECHTE SEITE UNTEN: Stube im Roseggergeburtshaus, 2017.

Stroh und Heu. Es gab Geräte- und Vorratskammern, eine Getreidemühle und eine Flachsbrechlstube, wo der Rohstoff für die Leinenerzeugung gewonnen wurde. Ferner gab es im Tal beim Freßnitzbach auch ein Austragsstüberl.

Peter war der Erstgeborene des Bergbauern Lorenz Roßegger und dessen Ehefrau Maria. Da der Knabe besorgniserregend schwach war, wurde er schon am folgenden Tage getauft und er erhielt nach dem Kalenderheiligen Petri Kettenfeier den Namen Peter.

Kein Mensch konnte damals ahnen, daß aus dem kleinen, schwächlichen Kind der Kluppeneggerbauern einst der größte österreichische Volksdichter werden sollte.

An der Eingangsseite des Wohngebäudes erinnert der Spruch des Priesterdichters Ottokar Kernstock an das denkwürdige Ereignis dieser Geburt: „Zieh, Wanderer, den Hut und bleib andächtig stehn, denn hier

RECHTE SEITE OBEN: Schild mit dem berühmten Spruch von Ottokar Kernstock über dem Eingang zum Geburtshaus.

RECHTE SEITE MITTE UND UNTEN: Von Peter Rosegger angefertigte Zeichnungen seines Heimathauses (*Die Heimat*).

UNTEN: Roseggers Eltern Lorenz Rosegger (1814–1896) und Maria (1818–1872), geb. Zeihbauer. Fotografie Josef Grossinger, Graz.

ist voreinst ein Mirakel geschehn. Im achtzehnhundertundvierzigsten Jahr und danach im dritten, im Heumond, gebar, von Fichten umrauscht und von Almenwind, eine sterbliche Mutter ein unsterbliches Kind."

Noch sechs weitere Brüder und Schwestern kamen in den nächsten vierzehn Jahren zur Welt. Jedoch war die Säuglings- und Kindersterblichkeit in dieser Zeit überaus hoch, so daß von Roseggers Geschwistern zwei, Leopold und Gertraut, bereits im zarten Kindesalter und zwei weitere, Apollonia und Nikolaus, in jungen Jahren starben. Nur die Geschwister Jakob und Maria erreichten wie der Vater Lorenz und wie auch ihr Bruder Peter ein hohes Alter.

Zieh Wandrer den Hut und bleib andächtig stehn!
Denn hier ist voreinst ein Mirakel geschehn
Im achtzehnhundert und vierzigsten Jahr
Und darnach im dritten im Heumond gebar
Von Fichten umrauscht und vom Almenwind
Eine sterbliche Mutter ein unsterblich Kind.
Ottokar Kernstock

Die Heimat.

Die Heimat.

Die Heimat.

Das Geburtshaus in Krieglach-Alpl, von Peter Rosegger gezeichnet für Anton Schlossars *Hundert Jahre deutscher Dichtung in Steiermark 1785 bis 1885.*

Eine regelmäßige Schulausbildung blieb den Kindern am Alpl zu dieser Zeit versagt. Unter Kaiserin Maria Theresia waren zwar bereits im Jahr 1774 mit der *Allgemeinen Schulordnung für die deutschen Normal-, Haupt- und Trivialschulen in sämmtlichen Kayserlichen Königlichen Erbländern* die allgemeine Schul- bzw. Unterrichtspflicht eingeführt und in vielen ländlichen Gebieten einklassige Volksschulen für die sechs- bis zwölfjährigen Kinder eingerichtet worden, jedoch wurde die allgemeine Schulpflicht in den entlegenen Berggegenden der Obersteiermark nur sehr unzureichend umgesetzt. Nur wenige Menschen verfügten über jene Kenntnisse, welche die Trivialschulen in den Städten vermittelten, nämlich Schreiben, Lesen und Rechnen. Auch Peter Roseggers Vater, der Bergbauer Lorenz Roßegger, war des Lesens unkundig. Die Mutter Maria dagegen beherrschte die Kunst des „Drucklesens“ und ihre Liebe für Erzählungen, Legenden und Lieder gab sie an ihren Sohn weiter, den sie damit nachhaltig prägte.

RECHTS: Das verschneite Geburtshaus von Peter Rosegger. Fotografie von Jakob Hiller.

OBEN: Eine der vielen Zeichnungen, in denen Rosegger sein Heimathaus festhielt.

UNTEN: Die ersten Jahre seines Lebens in Zeichnungen von Peter Rosegger.

Da Peter als ältester Sohn für die Hofübernahme vorgesehen war, mußte er bereits in sehr jungen Jahren bei allen bäuerlichen Arbeiten am Hof tatkräftig mithelfen. Nicht von allzu kräftiger Statur, eignete er sich ganz besonders für das Viehhüten, bei dem er die Möglichkeit fand, ungestört seinen Gedanken nachzugehen; aber er bemühte sich auch, mit dem Pflug umgehen zu können.[1]

Als erfolgreicher Dichter berichtete er später immer wieder von seiner kargen Jugendzeit und der tiefen Armut, in welcher er aufgewachsen sei. Vor diesem Hintergrund erschien sein beachtlicher Aufstieg um so faszinierender. So zitiert sein Mentor, der Schriftsteller Robert Hamerling, aus Roseggers Darstellung über seine Jugend: „Ich war immer mit dem Vater auf dem Feld oder im Wald, wo er das Brennholz spaltete, oder bei der Mutter auf der Wiese, wenn sie für die Kühe das Futter mähte. Der Vater verstand sich auf Zither- und Hackbrettspielen und die Mutter wußte viele Lieder und Geschichten. – Als ich älter wurde und das Kinderröcklein mit der Hose vertauschte, mußte ich die Schafe hüten, aber nachdem ich das siebente Jahr erreicht, durfte ich dem Vater schon im Hofe helfen und Sonntags mit ihm in die Kirche gehen. Es war weit hin – wir gingen früh morgens fort und kamen erst am späten Nachmittage heim. Im Dorf war auch eine Schule und ich hätte gern lesen gelernt, aber der Weg dahin war weit, und zudem konnte man mich zu Hause nicht entbehren, da der Vater sonst oft keinen Gehilfen bei der Arbeit hatte. Aber ich sollte doch noch lesen und schreiben lernen. Um dieselbe Zeit nämlich kam ein alter brotloser Schullehrer in unsere Gegend und der ging in die wenigen zerstreuten Bauernhäuser auf die Kost herum und unterrichtete dafür die Kinder. So erhielt auch ich Anleitung im Lesen und auf mein dringendes Bitten auch im Schreiben."[2]

Der erwähnte brotlose Wanderlehrer war der in die Jahre gekommene Schulmeister Michael Patterer. Er

Blüggenalp

bin schon volle zwanzig Jahre alt, und erlebte
nur 20 Geburtstage, aber 21 Namenstage, denn
meinen ersten Geburtstag war ich noch nicht
der Welt, da ich den 31. Juli 11 Uhr Abends
boren wurde.

. Geburtstag 1844.

2. Geburtstag 1845.

. Geburtstag 1846

4. Geburtstag 1847

5 Geburtstag 1848

6 Geburtstag 1849.

7. Geburtstag 1850

8. Geburtstag 1851

LINKS: Der Lehrer Michael Patterer, gezeichnet von Peter Rosegger.

RECHTS: Die erste Waldschule in St. Kathrein, in der Michael Patterer die Bauernkinder unterrichtete und wo er am 31. März 1857 sein Leben beschloß.

„Wir Alpelkinder haben von Michael Patterer nicht bloß lesen und schreiben gelernt, sondern auch Rechtschaffenheit und Wohlwollen für die Menschen.“ Peter Rosegger, *Mein Weltleben*

hatte 1848 die Forderungen der Revolutionäre befürwortet, was ihn seinen Lehrerposten kosten sollte, nachdem sich nach der Niederschlagung der Revolution die politische Lage wieder geändert hatte. Der Pfarrer von St. Kathrein am Hauenstein hatte ihn davongejagt. Doch einige Alpler Bauern waren damit nicht einverstanden und ließen den arbeitslosen Lehrer reihum von Hof zu Hof ziehen, damit er gegen Verköstigung und Unterkunft ihre Kinder unterrichte. So wurde Peter Rosegger von dem Lehrer Michael Patterer in einigen Grundkenntnissen unterwiesen. Aber in den insgesamt 6 Jahren war der eigentliche Unterricht auf insgesamt etwa eineinhalb Unterrichtsjahre beschränkt. Immerhin gelang es Patterer, im jungen Peter Rosegger die Neugier und den Drang zur Bildung zu erwecken.

Nur eine Tafel erinnert noch daran, daß hier einst das Waldschulhaus des Michael Patterer stand.

Peter entwickelte einen ungeheuren Leseeifer und bald konnte er fließend lesen. Am elterlichen Hof gab es nur ein einziges Buch, „Das große Leben Christi...“, verfaßt von dem Kapuzinerpater Martin von Cochem. Doch Peter Rosegger verstand es, sich Druckwerke aller Art zu verschaffen, die er dann mit großem Interesse las. Der Bub wurde am gesamten Alpl als ein besonders guter Vorleser geschätzt und schließlich auch zu Kranken und Sterbenden gebeten, die des Trostes durch seine Vorlesungen bedurften.

Durch seinen Freund Urban Offenluger, der in Graz Theologie studierte, wurde er mit der Weltliteratur bekannt. Offenluger brachte ihm aus der Hauptstadt neben Schillers und Lessings Werken auch Lehrbücher mit, sowie Volksbücher, Reiseschilderungen und Biographien . Als er einmal auch Wasserfarben zurückließ,

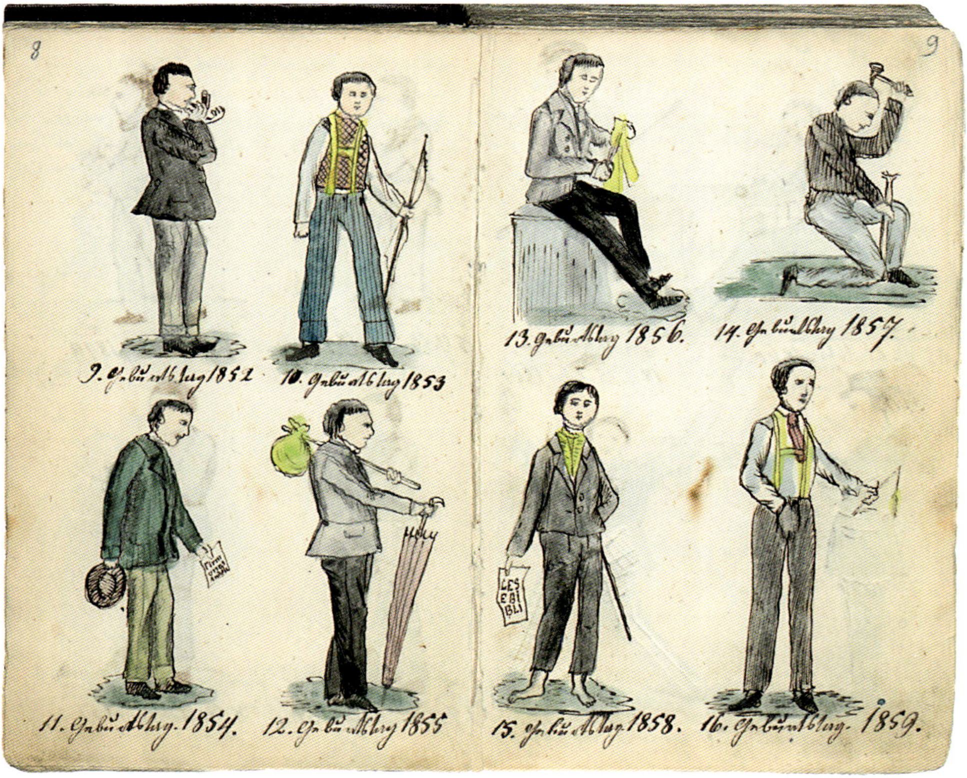

Von Rosegger gezeichneter Bilderbogen, die Entwicklung vom Knaben zum jungen Handwerker zeigend.

wurden bald Peter Roseggers weitere Talente offenbar. Mit einem Pinsel, den er aus eigenen Haaren verfertigt hatte, malte er zahlreiche Heiligenbilder. Durch die ihm zugängliche Literatur angeregt, begann er eigene Geschichten zu verfassen und diese mit den erhaltenen Farben mit Zeichnungen und Malereien zu illustrieren.

Üblicherweise wurden aus Bergbauernsöhnen auch wieder Bergbauern. Doch Roseggers Eltern erkannten bald, daß der körperlich schwache Peter für den bäuerlichen Beruf völlig ungeeignet war, so versuchten sie eine passendere Ausbildung für ihren begabten Sohn zu finden.

Da der Knabe schon früh ein lebendiges Interesse an der Religion entwickelte, erschien eine Ausbildung im Grazer Knabenseminar als gangbarer Weg. Wer sich für eine geistliche Laufbahn entschied, dem bot sich damit die Möglichkeit, ohne große Kosten zu einer höheren Bildung zu gelangen. Deshalb brachte man den jungen Peter Rosegger im Jahr 1854 zum Firmungsunterricht nach St. Kathrein am Hauenstein. Der Dechant von Birkfeld hatte Verständnis für Peters Begabungen und er war bereit, dessen Ausbildung zu fördern und die Kontakte zum Grazer Priesterseminar herzustellen. So kam der Bub in die nicht weit entfernte Marktgemeinde Birkfeld, wo ihn der Dechant auf das Theologiestudium vorbereiten sollte. Doch bereits nach drei Tagen plagte Peter Rosegger ein so arges Heimweh, daß er wieder auf den elterlichen Bergbauernhof zurückkehrte. Der Plan von der priesterlichen Karriere hatte sich zerschlagen. Vielleicht trug dazu auch der Hinweis des Dechants bei, daß körperliche Schwäche allein noch keine genügende Voraussetzung für den Weg eines Priesters sei, wo es doch „schwache" Priester schon genug gäbe.

Blick auf Birkfeld. Fotografie von Jakob Hiller.

Wieder zu Hause am Alpl wandte sich Peter der Herstellung von sogenannten Volkskalendern zu. Dazu war er durch die damals sehr verbreiteten und beliebten illustrierten Volkskalender angeregt worden. Eine darin enthaltene Dorfgeschichte des Schriftstellers August Silberstein faszinierte Rosegger so sehr, daß er sich ermutigt sah, auch selbst ähnliche Geschichten zu verfassen und mit Illustrationen zu versehen. Diese ersten schriftstellerischen Versuche des Fünfzehnjährigen waren durchaus originell, wenngleich er seine Inspirationen der Literatur entnommen hatte und er erst viel später erkannte, daß die besten Geschichten aus dem selbst Erlebten entstehen.

Das Innere der Pfarrkirche

OBEN LINKS: Krieglach um 1900.

OBEN MITTE: Eine Rosegger-Zeichnung des Innenraumes der Krieglacher Kirche.

OBEN RECHTS: Der Krieglacher Kirchplatz zur Roseggerzeit.

UNTEN LINKS: Krieglach, Aquarell von Brunlechner.

UNTEN RECHTS: Blick auf das heutige Krieglach. Fotografie von Jakob Hiller.

Da aus der geistlichen Karriere nichts geworden war, faßten die Eltern Roseggers einen anderen Plan für die berufliche Zukunft ihres Sohnes. Peter Rosegger beschrieb die damalige Situation so: „Durch das Wanken und das Wähnen, was ich denn werden solle, war mir endlich alle Lust zum Bauernstande abhanden gekommen. Meine Körperconstitution war auch nicht dazu geeignet, und so trat ich im Sommer 1860 bei einem Schneidermeister in die Lehre. Bei demselben verblieb ich fast fünf Jahre und wanderte mit ihm von Haus zu Haus, um den Bauern die Kleider zu machen."[3]

Wenngleich Peter Rosegger auch für diesen Beruf nicht besonders geeignet war, wurden ihm als Lehrbub des erfahrenen Schneidermeisters Ignaz Orthofer doch viele Prägungen und Erfahrungen zuteil. Davon zeugen

Links und rechts: In seinem Volkskalender für 1862 reflektiert Rosegger seinen Beruf als Schneiderlehrling.

nicht nur seine zahlreichen Handwerkergeschichten, sondern auch seine eigenen diesbezüglichen Äußerungen; jedenfalls bezeichnete der spätere dreifache Ehrendoktor diese Wander- und Lehrjahre als die eigentliche „Hochschule seines Lebens“.

In Roseggers Jugendtagen war das Handwerk der Störschneider noch weit verbreitet: Ignaz Orthofer zog von Hof zu Hof, um dort jeweils seine Dienste zu verrichten. Peter Rosegger kam so in dessen Begleitung zu 67 Bauern in der Waldheimat. Bei diesen Aufenthalten konnte er die Eigenarten, Sitten und Bräuche des Landvolkes eingehend kennenlernen, was ihn dazu inspirierte, diese Welt festzuhalten und in eine literarische Form zu gießen.

Die Störhandwerker waren nicht nur wegen ihrer handwerklichen Fähigkeiten beliebt, sie waren für die vom städtischen Treiben und der großen Welt

FOLGENDE DOPPELSEITE: Schneidermeister Ignaz Orthofer, hier als Störschneider, Roseggers Lehrmeister in St. Kathrein am Hauenstein. Fotografie von Franz Josef Böhm.

abgeschiedenen Bauernfamilien eine wichtige Quelle von Nachrichten. Die wandernden Handwerker berichteten über das aktuelle Weltgeschehen und breiteten vor dem dankbaren bäuerlichen Publikum allerhand interessante Tratschgeschichten aus. Dabei mußte keineswegs alles wahr sein, was man da erfuhr, solange es nur hinreichend unterhaltend war. War der „dichtende Schneiderbub" auch kein begnadeter Handwerker, so erfreute er sich wegen seiner humorvollen Gedichte und Erzählungen doch bald großer Beliebtheit. Als Verfasser ausgezeichneter Gelegenheitsgedichte konnte er manchen kleinen Zuverdienst einstecken.

Oft kam Peter Rosegger nach St. Kathrein am Hauenstein, dem Wohnort seines Lehrherrn. Der Gemeindevorstand Karl Haselgraber, Besitzer eines Kaufhauses, förderte das offenbare dichterische Talent, indem er dessen Schriften an seine Kunden verlieh oder verkaufte. Dessen Tochter Maria dürfte die erste romantische Liebe Roseggers gewesen sein.

In diesen Jahren vollzogen sich im Gewerbe große Veränderungen – unter dem Schlagwort „Freie Bahn dem Tüchtigen" betrieb man die Liberalisierung des Gewerberechtes. Mit der neuen Gewerbeordnung kam es 1859 zum Ende der österreichischen Zünfte, wodurch man sich einen Modernisierungsschub erhoffte. Man erwartete sich aber auch die Lösung jener Sozialprobleme, die mit der Erstarrung des überlebten Zunftwesens verbunden waren. Doch der vereinfachte Zugang zum Gewerbe verschärfte auch die Konkurrenz unter den Handwerkern, so daß wenig gewonnen war.

Mit der Freisprechung im Februar 1864 war Peter Roseggers Lehrlingsausbildung abgeschlossen. Er blieb noch einige Zeit als Geselle bei seinem Meister Ignaz Orthofer, ehe er seine nicht allzu erfolgreiche Schneiderkarriere ebenso formlos beendete, wie er sie begonnen hatte. Mit seinem alten Meister Ignaz Orthofer blieb er aber auch noch als erfolgreicher Schriftsteller in Verbindung.

Handzeichnung Roseggers mit einem aus einer Zeitung ausgeschnittenen und aufgeklebten Kopf: Rosegger „naht" seinem Freund Wilhelm Kienzl etwas zum 41. Geburtstag am 17. Januar 1898.

LINKE SEITE:
OBEN: St. Kathrein am Hauenstein, der Stammort der Familie Rosegger. Hier verbrachte Peter Rosegger einen Teil seiner Handwerkerlehrjahre. Fotografie von Franz Josef Böhm.

UNTEN LINKS: Roseggers Jugendfreundin und junge Muse Maria Haselgraber. Foto Schuster, Graz.

UNTEN RECHTS: Bleistiftzeichnung Roseggers als Schneider von eigener Hand.

PHOTOGRAPH

Um seinen literarischen Versuchen einen Weg in die Öffentlichkeit zu bahnen, sandte Peter Rosegger im Jahr 1864 einige Kostproben seines Könnens an die Grazer Zeitung *Tagespost*. Es fügte sich glücklich, daß deren Chefredakteur Dr. Adalbert Svoboda die Begabung Peter Roseggers erkannte, ihm aufmunternd antwortete und weitere Belege seiner schriftstellerischen Tätigkeit verlangte. Peter Roseggers Firmpate, der Schmiedhoferbauer, übernahm es dann, eine große Auswahl von literarischen Arbeiten in einem Buckelkorb vom Alpl in die Grazer Redaktion zu bringen.

Im Dezember 1864 machte Svoboda in einem Beitrag erstmals auf das bislang vollkommen unbekannte Naturtalent aufmerksam und publizierte einige von Roseggers poetischen Arbeiten. Er förderte und unterstützte den jungen Dichter, so daß sich daraus in der Folge eine tiefe Freundschaft entwickelte, die sich in einem regen Briefwechsel niederschlug.

Mit großem Erfolg rief Chefredakteur Dr. Adalbert Svoboda seine Leser auf, den jungen Volksdichter zu unterstützen. Peter Rosegger erhielt viele Zuschriften, die ihn mit Literatur, aber auch mit etwas Geld versorgten. Der Buchhändler und Verleger Janez Giontini eröffnete dem jungen

LINKS: Peter Rosegger zu Besuch bei seinem früheren Lehrherrn Ignaz Orthofer, 1898. Fotografie von Franz Josef Böhm.

Roseggers „Entdecker", der Chefredakteur der Grazer *Tagespost* Dr. Adalbert Svoboda.

Dichter die Möglichkeit, bei ihm in Laibach (Ljubljana) eine Ausbildung zum Buchhändler zu absolvieren.

Peter Rosegger sagte zu und machte sich am 12. Februar 1865 auf den Weg. In Graz unterbrach er seine Reise. Bei diesem Aufenthalt kam es über Vermittlung seines Förderers Dr. Svoboda zu einem ersten Treffen mit dem steirischen Brauindustriellen Johann Peter von Reininghaus, welcher seinen weiteren Werdegang sehr fördern sollte. Zwar wurde Peter Rosegger in Laibach von Janez Giontini überaus freundlich aufgenommen, dennoch plagte ihn bald arges Heimweh. Er sehnte sich nach dem Alpl und saß nach lediglich sieben Tagen wieder im Zug nach Graz.

Blick auf Graz und den Schloßberg, Zeichnung von Peter Rosegger.

Peter Rosegger als Handelsakademiker

Peter Rosegger anläßlich seiner Freisprechung als Schneidergeselle, 1863. Fotografie von Franz Josef Böhm.

Zwar wollte Peter Rosegger wieder zurück in die Waldheimat, doch die Gönner und Förderer des literarischen Talentes eröffneten ihm die verlockende Möglichkeit, seine bislang versäumte Bildung nachzuholen. Zunächst waren zwei Versuchsmonate in Graz vorgesehen, in denen er Unterricht in Deutsch und Rechnen erhalten und an einem privaten Zeichenunterricht teilnehmen sollte, welcher für die Kinder des Johann Peter von Reininghaus abgehalten wurde.

Wie aber sollte man Peter Rosegger in eine der bestehenden Unterrichtsanstalten einschulen? Da er über keine gediegene Volksschulausbildung verfügte, war auf Grund seiner mangelhaften Vorkenntnisse die Eingliederung in eine reguläre höhere Schule überaus schwierig. Da er zudem längst dem Volksschulalter entwachsen war und über eine beachtliche Lebenserfahrung und Reife gebot, mußte in seinem Falle eine besondere Regelung getroffen werden.

Chefredakteur Dr. Svoboda machte sich auf die Suche nach einer entsprechenden Bildungsanstalt – schließlich fand sich eine Lösung. Der aus Obdach in der Obersteiermark stammende Theologe Prof. Rudolf Falb, der sich in seinem ereignisreichen Leben als Weltreisender, Erdbebenforscher und Meteorologe größte Verdienste erworben hatte, war damals an der soeben

Rudolf Falb.

LINKS OBEN: Die alte Grazer Akademie für Handel und Industrie in der Kaiserfeldgasse 25 (heute städtisches Amt für Jugend und Familie).

LINKS UNTEN: Erinnerungsplatte auf dem Gebäude der alten Grazer Handelsakademie.

RECHTS: Roseggers Lehrer Rudolf Falb.

neugeschaffenen Akademie für Handel und Industrie als Religions- und Deutschlehrer tätig. Er sorgte dafür, daß Peter Rosegger seine Chance bekam.

Am 27. April 1865 entschied die Akademie für Handel und Industrie, Peter Rosegger als Hospitant in die 2. Vorbereitungsklasse aufzunehmen. Die Satzungen dieser Anstalt hatten dies zugelassen und die wirtschaftsnahen Verwaltungsräte, wie beispielsweise der Bankier Kleinoschegg, der Steinmetzmeister Grein, der Landtagsabgeordnete Oberranzmeyer und andere zeigten Verständnis für das lernwillige Naturtalent. Da die neugeschaffene Handelsakademie auch von vielen jungen Leuten aus den nicht deutschsprachigen Gebieten der Habsburgermonarchie besucht wurde, die teils über nur mangelhafte Kenntnisse der Landessprache und ein sehr unterschiedliches Bildungsniveau verfügten, war eine Vorbereitungsklasse eingerichtet, welche die Voraussetzungen für den Besuch der Akademieklassen schaffen sollte.[4]

Rosegger berichtet über seine Einschulung: „Die Landes-Institute – aus denen später mancher Tadel laut wurde, daß es mir an classischer, an akademischer Bildung fehle – diese Institute blieben damals vornehm verschlossen; eine Privatanstalt war es, und zwar die Akademie für Handel und Industrie in Graz, die mich aufnahm, deren tüchtige Leiter und Lehrer den zweiundzwanzigjährigen Bauernburschen in Arbeit und geistige Pflege nahmen. Schon in den ersten Tagen meines Grazer Lebens bot mir der pensionirte Finanzrath Frühauf in seiner Wohnung Unterstand und Pflege gegen ein lächerlich billiges Entgeld. Reininghaus ist nicht müde geworden, mit Rath und That mir beizustehen... Später nahm mich der Direktor der Akademie für Handel und Industrie, Herr Franz Dawidowsky in sein Erziehungsinstitut für Studirende der Handelsakademie, wo ich unter dem Deckmantel eines Haussecretärs ein heiteres Heim genoß."[5]

So begann Peter Rosegger nach Ostern 1865 als sogenannter „Hospitant". Der damals schon 22-Jährige wurde gemeinsam mit erst zwölf- bis fünfzehnjährigen, also viel jüngeren Knaben unterrichtet. Wie sehr er eines systematischen Unterrichts bedurfte, zeigte sich im Ungleichgewicht seiner Fähigkeiten: Einerseits verfügte Rosegger als angehender Schriftsteller bereits über eine beachtliche

Der Direktor der Grazer Akademie für Handel und Industrie (und zeitweilige Quartierherr) Franz Dawidowsky und seine Gemahlin Ottilie.

Zeichnung von Peter Rosegger: Das von ihm häufig besuchte Thaliatheater zu Graz.

Ausdruckskraft und eine klare Diktion, andererseits machte er in Orthographie und Grammatik haarsträubende Fehler.

In seiner 1858 selbst verfaßten *Lebns-Veschreibung* kann man erheitert lesen: „Peter Rosegger ist im Jahre 1843 Geboren, in Weltheill Eiroba, in Keiserthum Teitzlants, im Land Steiermark, in Kreis Bruk, in Bezirk Kindberg, in der Pfar Kriglach, in der Gemeinde Alben, beim Bauern-Klupenegger..."[6] Aber auch noch als Schüler an der Handelsakademie hatte er damit zu kämpfen, daß er zwar inhaltlich ausgezeichnete Aufsätze verfaßte, daß aber seine Rechtschreibung noch lange sehr mangelhaft war.

Mit den viel jüngeren Mitschülern, die aus recht begüterten Gesellschaftsschichten kamen, konnte sich Peter Rosegger naturgemäß nicht allzu tief anfreunden. Doch bald gehörte der junge Schriftsetzer Robert Wagner, der durch seine sozialistischen Ansichten zu einem wichtigen Diskussionspartner für

Rosegger wurde, zu seinen vertrauten Gefährten. Eine tiefe Freundschaft ergab sich auch mit seinem Mitschüler August Brunlechner, der später ein angesehener Montanist wurde. Mit ihm stand er durch viele Jahrzehnte im engen Kontakt, wovon ein eingehender Briefwechsel zeugt. Auch zu dem jungen Kunsthistoriker Hubert Janitschek entwickelte sich eine enge Verbindung.

Als Ergänzung zum Deutschunterricht, den er zunächst von Professor Falb und später von den Professoren Kuhn, Diechtl und Dawidowsky erhielt, konnte er verschiedenen Theateraufführungen beiwohnen. Damit wurde sein Interesse an der Weltliteratur geweckt und sein Verständnis für die Feinheiten der deutschen Hochsprache vertieft.

UNTEN LINKS: Roseggers Mitschüler und Freund August Brunlechner.

UNTEN RECHTS: Rosegger und Brunlechner in einer Studioaufnahme.

Roseggers Förderer, der Brauindustrielle Johann Peter von Reininghaus.

Wegen der ständigen wohlwollenden Berichterstattung des Chefredakteurs Dr. Svoboda blieb das öffentliche Interesse an dem jungen Dichter ständig wach, was bewirkte, daß er immer wieder großzügige Förderungen von Grazer Bürgern erhielt. So versorgten ihn die Grazer Theaterdirektoren Kreibig und Czernitz regelmäßig mit Freikarten für Theateraufführungen. Er erhielt auch Freikarten für die Südbahn, um regelmäßig Eltern und Freunde in der Waldheimat besuchen zu können. Am nachhaltigsten aber fördert ihn der Industrielle Johann Peter von Reininghaus: Er besserte seine Finanzen auf und bewirtete ihn oft als Gast seines Hauses. Aber auch viele andere angesehene Grazer Familien begegneten dem jungen Dichter aus der Waldheimat freundschaftlich und luden ihn zum Mittagstisch in ihre Salons.

Die Direktion der Handelsakademie verhielt sich unbürokratisch und entgegenkommend. Da Peter Rosegger erst im letzten Drittel des Schuljahres in die Vorbereitungsklasse einstieg, wurden ihm vorerst nur 21 Wochenstunden vorgeschrieben – das waren die Gegenstände Katholische Religion, Deutsche Sprache, Geographie, Geschichte, Botanik, Mineralogie, Kalligraphie, Freihandzeichnen und Turnen. Mangels entsprechender Grundlagen wurden ihm die Gegenstände Arithmetik und Geometrische Anschauungslehre vorläufig erlassen. Diese Fächer zu absolvieren war erst für das reguläre Schuljahr vorgesehen. Aber auch die verbliebenen Gegenstände waren für ihn in der dargebotenen Tiefe neu und so erhielt er neben dem privaten Zeichenunterricht regelmäßige Nachhilfestunden in Deutsch und Rechnen, die von Johann Peter von Reininghaus finanziert wurden.

Obwohl Rosegger ein großes Arbeitspensum zu absolvieren hatte und er sich besonders in den ihm keineswegs zusagenden kaufmännischen Fächern anstrengen mußte, so bekam er doch zusehends bessere Noten. Man lobte seinen Fleiß und sein tadelloses Verhalten und 1866 wurde er sogar als Klassenbester eingestuft. Professor Falb betraute ihn mit verschiedenen

Eine romantisch anmutende Zeichnung von Peter Rosegger.

Assistenzdiensten und Peter Rosegger konnte sich auch als Bibliothekar betätigen.

Neben der Unterrichtszeit ging er seinen dichterischen Interessen nach. Auf ein besonders positives Echo stieß sein humorvolles Gedicht *Därf ih 's Dirndl liab'n?*, das von der *Tagespost* publiziert wurde:

Därf ih 's Dirndl liabn?

Ih bin jüngst verwichen
Hin zan Pforra gschlichn:
»Därf ih 's Dirndl liabn?«
»Untasteh dih nit, bei meina Seel,
Wonstas Dirndl liabst, so kimst in d' Höll!«

Bin ih vull Valonga
Zu da Muata gonga:
»Därf ih 's Dirndl liabn?«
»O mei liaba Schotz, es is no zfrua,
Noch funfzehn Jahrln erst, mei liaba Bua!«

War in großn Nötn,
Hon ih 'n Votan betn:
»Därf ih 's Dirndl liabn?«
»Duners Schlangl!« schreit er in sein Zurn,
»Willst mein Steckn kostn, konst es thuan!«

Wos is onzufonga?
Bin zan Herrgott gonga:
»Därf ih 's Dirndl liabn?«
»Ei jo freili,« sogt er und hot glocht,
»Wegn an Büaberl hon ih 's Dirndl gmocht!«

Die Ferien nutzte der junge Handelsakademiker, um seine Familie am Alpl zu besuchen. Einmal machte er sich auch auf die Reise nach Oberösterreich, um den von ihm überaus verehrten Dichter Adalbert Stifter zu besuchen. Das Schicksal seiner eigenen Familie schlug sich in seinem Erfolgswerk, dem 1888 erschienenen Roman *Jakob der Letzte* eindrucksvoll nieder.

Viereinhalb Jahre studierte Peter Rosegger an der Grazer Handelsakademie. Seine Erlebnisse hielt er in Tagebüchern fest und später verwendete er manches in seinen vielfach kritischen Äußerungen über die damaligen Bildungsanstalten. Obwohl der junge Mann bereits über eine geradezu reiche Lebenserfahrung verfügte, war der Schulbesuch in Graz, der seine Persönlichkeit und Weltsicht verändert hatte, ein wichtiger Schritt zum reifen, gebildeten Schriftsteller.

In der Handelsakademie hatte Peter Rosegger gemerkt, daß er sich kaum zum Kommerzialrat eignete. Auch früher schon hatten offenkundige Schwächen seinem künftigen Lebensweg eine neue Richtung gegeben, nicht Bergbauer oder Priester war seine Bestimmung, nicht Schneider oder Handelsmann, sondern Verfasser zahlreicher Romane, Dorfgeschichten, humorvoller Schilderungen bäuerlichen Lebens und unzähliger Gedichte.

Sein Aufstieg fand bald zahlreiche Bewunderer. Er selbst wurde nicht müde, seinen Weg vom einfachen, in ärmlichen und kargen Verhältnissen aufgewachsenen Waldbauernbuben zum gefeierten Dichter, in autobiographischen Erzählungen darzustellen.

LINKE SEITE OBEN: Peter Rosegger als Handelsakademiker.

LINKE SEITE UNTEN: *Adalbert Stifter*, Portrait von Bertalan Székelyi, 1863

RECHTS: Rosegger in Steirertracht in der Pose eines Jägers, 1870. Fotografie von Franz Josef Böhm.

Rosegger, müde vom Studieren. Aufnahme in einem Atelier am Fuße des Schloßbergs in Graz, 19. Jänner 1866.

Allmählich stellte sich in seinem Wesen ein wachsendes Selbstbewußtsein ein, wozu seine publizistischen Erfolge und die Bewunderung durch seine Leserschaft beitrugen. Die sich abzeichnende Popularität hatte ihren Anteil daran, daß er sich schließlich für die Laufbahn des freischaffenden Schriftstellers entschied.

Nach dem Verlassen der Handelsakademie verschaffte er sich noch im Selbststudium Grundkenntnisse des Lateinischen und absolvierte noch einige germanistische und philosophische Vorlesungen an der Grazer Karl-Franzens-Universität. Auch als gefeierter Schriftsteller blieb er der Grazer Handelsakademie stets dankbar verbunden. So vermerkte er 1906: „Am 28. Oktober besuchte ich die Räume des alten Handelsakademie-Gebäudes, wo ich von 1865 bis 1869, als Gast aufgenommen, mir eine allgemeine Bildung aneignen konnte. Reale wie humanitäre Lehrgegenstände wechselten in gutem Gleichgewicht ab, so daß bei mir in diesen vier Jahren gewiß ein besserer Erfolg erzielt wurde, als wenn ich ein Gymnasium absolviert hätte. In dankbarem Gedenken drängte es mich, noch einmal die Lehrzimmer zu sehen und meiner Professoren zu gedenken... In das Gebäude ist jetzt eine Realschule übersiedelt, während die Handelsakademie in wenigen Tagen in ihren neuerbauten Palast einzog. Sie ist erfreulich emporgekommen und Staatsschule geworden. Obwohl nun weder Personen noch Lokal mit jener Zeit mich verbinden, immer werde ich diese Anstalt segnen.“[7]

Als Peter Rosegger gerade die Handelsakademie verlassen hatte, erschien im Juli 1869 sein mit großer Aufmerksamkeit aufgenommenes Werk *Zither und Hackbrett*. Für dessen Herausgabe hatte sich der damals überaus populäre und viel gelesene Schriftsteller Robert Hamerling eingesetzt. Der große Erfolg dieses Buches ermunterte Peter Rosegger weiter, die ungesicherte Karriere eines frei schaffenden Dichters und Journalisten einzuschlagen, und nicht eine Laufbahn im Wirtschaftsleben, wie sie ihm Johann Peter von Reininghaus in Aussicht gestellt hatte.

Nun ging es Schlag auf Schlag. Gegen Ende des Jahres 1869 folgte im Verlag Leykam ein Band mit

Das ins Hochdeutsche übertragene Manuskript des Gedichtes *Drei Liachtla* von Peter Rosegger (aus *Zither und Hackbrett*).

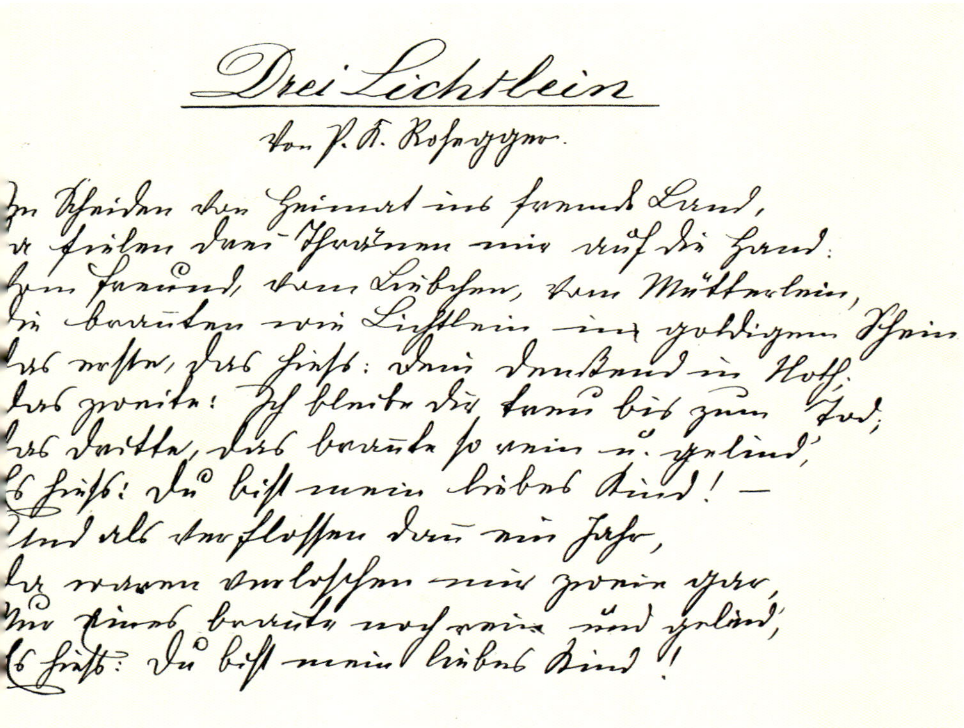
Drei Lichtlein

von P. K. Rosegger.

RECHTE SEITE OBEN: Handzeichnung von Peter Roseggers schiefwandiger Dachkammer im 3. Stock der Salzamtsgasse Nr. 3.

RECHTE SEITE UNTEN: Roseggers Wohnung in der Burggasse 16 (3. Stock) in Graz. Die Fenster von Roseggers Arbeitszimmer sind die beiden nach vorne gehenden Eckfenster im dritten Stock.

UNTEN LINKS: Roseggers Wohnung in Graz, Wickenburggasse 5 (im 1. Stock, zweites Fenster von links).

UNTEN RECHTS: Handzeichnung von Rosegger: „Meine Wohnung in der Wickenburggasse N. 1332, bei Finanzrat Franz Frühauf".

Mundartgedichten: *Tannenharz und Fichtennadeln*. Im Frühjahr 1870 folgte sein Erstlingswerk in hochdeutscher Sprache, die *Sittenbilder aus den Alpen*. Rosegger widmete es seiner Förderin Theresia von Reininghaus.

Reisen nach Deutschland, Schweiz, Italien und in die Niederlande weiteten seinen Horizont. Ab dem Jahr 1870 stand Rosegger in Kontakt mit dem Verleger Gustav Heckenast in Pest, dem er auch sein Buch *Geschichten aus Steiermark* zur Veröffentlichung übergab. Mit Heckenast stand er bis zu dessen Tod 1878 in freundschaftlicher Beziehung.

Allmählich nahm Peter Roseggers Ruf auch in der Hauptstadt Wien zu. Der Volksschriftsteller Ludwig Anzengruber, den Rosegger von Graz her kannte, hatte ihn in die Wiener Literatenszene eingeführt, die sich durch drei Jahrzehnte jeden Freitag in der sogenannten „Anzengrube" traf. Diese Künstler- und Gelehrtenvereinigung rund um Anzengruber kam in Wiener Gasthäusern zusammen. Ihr gehörten die

LINKS: Rosegger als freischaffender Schriftsteller, 8. Jänner 1874. S. Volkmann, Graz.

RECHTS OBEN: Roseggers älterer Freund und früher Verleger Gustav Heckenast.

RECHTS UNTEN: Der Grazer Dichter Robert Hamerling.

Maler Rudolf und Franz von Alt an, der Maler und Karikaturist Ernst Juch, der Literaturwissenschaftler und Schriftsteller Anton Bettelheim, die Schauspieler Josef Lewinsky und Ludwig Martinelli und eine Reihe weiterer Persönlichkeiten des Wiener Kulturlebens. Besondere Beziehungen entwickelten sich dadurch für Rosegger zu dem Feuilletonisten

Vinzenz Chiavacci, zu dem aus der Steiermark stammenden Journalisten und Mundartdichter Hans Grasberger, zum Journalisten und Feuilletonisten Eduard Pötzl, zum Schriftsteller und Humoristen Friedrich Schlögl, aber auch zu so schillernden Gestalten wie dem exzentrischen Transvestiten, Zirkusartisten und Literaten Emil Mario Vacano.

In diesen Kreisen ergaben sich viele anregende Gespräche und mit zahlreichen Künstlern stellte sich in der Folge ein reger, oft über viele Jahre dauernder Briefverkehr ein, welcher auch fortgeführt wurde, als die „Anzengrube" nach Anzengrubers Tod im Jahr 1889 allmählich ihre Bedeutung als Künstlertreff verlor.

LINKS: Ludwig Anzengruber, koloriertes Foto.

RECHTS: Ansichtskarte mit einem Motiv zu dem Gedicht *Sogt's, wos ih eppa tät!* in *Zither und Hackbrett*.

Eine besonders innige Beziehung verband Peter Rosegger mit seiner Mutter Maria, die in ihm die Liebe zu allem Literarischen geweckt hatte. Im Mai 1867 besuchte sie ihn in Graz. Um sich persönlich vom Wohlergehen ihres Sohnes zu überzeugen, hatte die Mutter den beschwerlichen Fußweg von 16 Stunden auf sich genommen.

Leider blieb die Familie Peter Roseggers nicht von Schicksalsschlägen verschont. Eine Mißernte durch Hagelschlag hatte den finanziellen Ruin der Eltern zur Folge und so mußte der Kluppeneggerhof 1868 verkauft werden. Die Elternsahen sich gezwungen, in ein kleines Ausgedingehaus in der Nähe zu ziehen.

Das Leben mit vierzig und mit fünfzig. Zeichnungen von Peter Rosegger.

Rosegger konnte die Veräußerung seines Geburtshauses kaum verwinden und obwohl er seinen Lebensmittelpunkt bereits in Graz hatte, empfand er den Verkauf des Hofes als Verlust seiner Heimat. Maria Rosegger überlebte den Umzug nur wenige Jahre. Sie starb am 16. Jänner 1872.

Im Sterbejahr seiner Mutter, am 21. Juli 1872, lernte Rosegger Anna Pichler kennen, die mit einer Freundin am Alpl unterwegs war, um das Geburtshaus des Dichters zu sehen. Das Mädchen war die Tochter des Inhabers der Grazer Hutfabrik Josef Pichler & Söhne und stammte damit aus besseren Verhältnissen.

LINKS: Anna Pichler und Peter Rosegger am 13. Mai 1873, dem Tag ihrer Trauung.

OBEN RECHTS: Blick auf Mariagrün bei Graz. Nach einer Lithographie um 1850.

UNTEN RECHTS: Das Wallfahrtskirchlein von Mariagrün, Roseggers Hochzeitskirche. Fotografie von Jakob Hiller.

Schon nach kurzer Zeit wurde Verlobung gefeiert und am 13. Mai 1873 fand in der Mariagrüner Kirche in Graz die Hochzeit statt. Das junge Ehepaar bezog seine Wohnung im Hause der Familie Pichler in der Grazer Sackstraße. Das Angebot, Volksschulinspektor zu werden und sich damit eine bürgerliche Existenz mit einem guten Einkommen zu sichern, lehnte Rosegger jedoch ab. Mit großem Fleiß widmete er sich dagegen

LINKS OBEN UND UNTEN: Das Pichlerhaus in der Grazer Altstadt.

RECHTS: Rosegger mit seiner ersten Frau Anna Pichler, Verlobungsbild vom 16. Dezember 1872.

der literarischen Produktion und schon 1874 trat er mit dem Roman *Die Schriften des Waldschulmeisters* vor das Lesepublikum.

Am 20. Februar 1874 kam der Sohn Sepp Rosegger, im Frühjahr 1875 folgte das zweite Kind Anna. Mit Entsetzen mußte Rosegger hinnehmen, daß seine Frau am 16. März 1875, zwölf Tage nach der Niederkunft, im Kindbett starb. Die Verblichene wurde am St. Peter Stadtfriedhof in Graz beigesetzt.

Überraschend zum Witwer geworden, stürzte sich Peter Rosegger ins Schreiben. Ablenkung brachte auch sein ab 1877 betriebenes Vorhaben, sich in der Waldheimat ein Heim zu schaffen. So ließ er sich nach eigenen Plänen in Krieglach ein schlichtes kleines Haus errichten, in dem er dann jeweils die Sommer verbrachte, während er im Winter in der Grazer Innenstadt, Ecke Burggasse 16 / Opernring 10 seine Wohnung hatte. Voller Freude zog er in das noch baufeuchte und nicht vollständig fertiggestellte Haus ein, die Folge war eine Asthmaerkrankung, die ihm schließlich stark zu schaffen machte. Bei den Bauarbeiten für sein Sommerhaus stand ihm der begüterte Wiener Bauunternehmer Wenzel Knaur zur Seite, dem das Jagdschloß Feistritz bei Krieglach gehörte. Rosegger stand mit der Familie in freundlichem Kontakt, die ebenso wie Rosegger die Sommermonate in Krieglach zu verbringen pflegte.

Am 1. Mai 1879 ehelichte Rosegger Anna Knaur.

Bald wurden Peter Rosegger und des Baumeisters Tochter Anna Knaur ein Paar und am 1. Mai 1879

Zeichnung von Peter Rosegger – Glück und Segen im Ehstand!

führte der nunmehr 36-jährige Witwer das erst neunzehnjährige Mädchen vor den Traualtar. Schon 1880 kam der Sohn Hans-Ludwig zur Welt, der das literarische Talent seines Vaters geerbt hatte und später auch Schriftsteller wurde. Es folgten noch zwei Töchter, nämlich Margarete (1883) und Martha (1890).

Ab 1880 plante Rosegger sein bereits publiziertes Gesamtwerk kritisch zu sichten und neu herauszugeben. Nachdem Roseggers bewährter Verleger Gustav Heckenast im Jahr 1878 verstorben war, stand Rosegger nunmehr mit dem Wiener Verlag des Adolf Hartleben in Vertragsverhandlungen und ab Jänner 1881 erschienen in diesem Verlag die gesammelten Werke Peter Roseggers.

Zwischenzeitlich war Peter Rosegger durch sein Asthmaleiden zu einem Kuraufenthalt in Bad Gleichenberg gezwungen, wo sich seine Frau Anna sehr um ihn bemühte und ihm beistand, das hartnäckige, chronisch

gewordene Leiden zu ertragen. Erst nach dem dritten Kuraufenthalt war Peter Rosegger im Frühjahr 1882 soweit genesen, daß er seine literarische Tätigkeit und seine Vortragsreisen wieder voll aufnehmen konnte.

Einige Jahre später kam es dann zu einer Auseinandersetzung zwischen Peter Rosegger und dem Verleger Hartleben. So wurde Rosegger schließlich mit dem angesehenen Verlagsbuchhändler Ludwig Staackmann aus Leipzig handelseins. In seinem Buch *Mein Weltleben* bewertete Peter Rosegger den Verlagswechsel überaus positiv: „Er wurde mein Verleger für die neuen und künftigen Werke, um dieselben nicht bloß literarisch zu verwerten, sondern auch für den Verfasser ertragsfähiger zu machen durch Verbreitung in der weiten Welt. Ich fand an Ludwig Staackmann mehr als einen noblen Geschäftsmann, ich fand einen persönlichen Freund im edelsten Sinn des Wortes ... an ihm war mir ein Gustav Heckenast wiedererstanden."

Als junger und noch völlig unbekannter Dichter trachtete Rosegger danach, nicht mit anderen

LINKS: Den gemeinsamen Ehekarren ziehen. Scherzzeichnung Roseggers für seine Frau Anna, 1903. Anna Rosegger sorgte vorbildlich für die fünf Kinder Roseggers, auch für die zwei Kinder aus Roseggers erster Ehe.

MITTE: Rosegger mit Kindern. Fotoatelier Leopold Bude, Graz.

RECHTS: Roseggers Kinder. Oben: Hans-Ludwig und Margarethe, unten: Anna, Martha, Sepp.

Namensträgern verwechselt zu werden. Immerhin kannte er in seiner näheren Heimat sechs Personen, die alle als Peter Roßegger durchs Leben gingen. So hatte er in den ersten Jahrzehnten seines Schaffens seinem Vornamen Peter stets das Kürzel K. folgen lassen, das für seinen zweiten Taufnahmen Kettenfeier stand. Nach seinem 50. Lebensjahr war er bereits so prominent, das es keine Verwechslungsgefahr mehr gab. Ähnlich, wie sein Dichterfreund Robert Hamerling, welcher als Hammerling geboren war und schließlich seinem Namen mit nur einem „m" eine weichere Form gab, hatte Rosegger bereits das „ß" in seinem Namen durch das weichere „s" ersetzt. Mit dem ersten bei Staackmann erschienenen Band, *Als ich jung noch war*,

LINKS: Roseggers Kinder.

RECHTS: Die Familie Rosegger um den geschmückten Christbaum. Fotoatelier Leopold Bude, Graz.

legte er nun auch das Vornamenkürzel K. ab und trat nur noch als Peter Rosegger vor das Publikum.

Alfred Staackmann, der Nachfolger des Ludwig Staackmann, konnte seinem Verlag auch die Verlagsrechte an den bereits publizierten Büchern von Rosegger sichern. Damit konnten nunmehr alle Rosegger-Werke in einem einzigen Verlag verlegt werden.

Roseggers 53. Geburtstag wurde zu einem traurigen Tag, genau am 31. Juli 1896 wurde sein 82-jähriger Vater Lorenz zu Grabe getragen. Der Vater hatte in seinen letzten Jahren auf dem bescheidenen Bauernhof von Peter Roseggers Bruder in Freßnitz bei Krieglach gelebt. Bereits zwei Wochen später starb auch Roseggers Bruder Nikolaus.

Dichter und Bauer: Peter Rosegger (rechts) mit seinem Bruder Jakob.

Oben links, Mitte, rechte Seite: Roseggers Landhaus in Krieglach. Im Giebeldach befand sich Roseggers Arbeitszimmer.

Links Mitte: Rosegger vor dem Almhaus im Garten seines Landeshauses in Krieglach. Fotografie von Franz Josef Böhm.

Links unten: Inneres des Almhauses im Garten.

Rechte Seite unten: Das Landhaus Roseggers. Fotografie von Jakob Hiller.

Peter Rosegger war ein Freund der Geselligkeit und er bezog daraus manche Anregung für sein literarisches Schaffen. Ab dem Jahr 1881 fand er sich regelmäßig jeweils am Freitagabend im „Krug zum grünen Kranze“, einer Weinstube des Johann Kleinoschegg in der Grazer Herrengasse Nr. 13 ein, wo der Treffpunkt einer durchaus prominenten Freundesrunde war.

Dazu gehörten die Komponisten Josef Gauby und Wilhelm Kienzl, die Schriftsteller Rudolf Hans Bartsch, Emil Ertl, Hans Grasberger, Johann Krainz (bekannter unter seinem Pseudonym Hans von der Sann), Karl Morré und Anton Schlossar, der Maler Alfred Schrötter von Kristelli, der Bildhauer Hans Brandstetter, der Schauspieler Rudolf Tyrolt, der Heimatforscher Ferdinand Kraus und der Bierindustrielle Baron Johann Peter von Reininghaus.

Peter Rosegger wurde auch Mitglied der „Schlaraffia Grazia“, der viele Künstler aus den verschiedensten Sparten angehörten. Die Schlaraffen waren

Rosegger mit seinem Mitschüler und Freund August Brunlechner.

RECHTE SEITE OBEN: Rosegger mit Freunden im Krug zum grünen Kranze. Von links: Peter Rosegger, Johann Krainz (Hans von der Sann), der Volksdichter Karl Morré, Ferdinand Kraus (stehend), Prof. Hans Brandstetter (sitzend), Josef Gauby.

RECHTE SEITE UNTEN: Der Stammtisch im Krug zum grünen Kranze. Von links: Emil Ertl (vorne), Wilhelm Rullmann, Ernst von Gnad, Hans Brandstetter, Peter Rosegger, Wilhelm Kienzl, Alfred Schrötter von Kristelli.

OBEN: Das Hotel Post des Skipioniers Toni Schruf in Mürzzuschlag.

UNTEN: Das Roseggerstüberl im Hotel Post in Mürzzuschlag. Fotografie von Jakob Hiller.

eine 1859 in Prag gegründete Vereinigung, die sich die Pflege von Freundschaft, Kunst und Humor zum Ziel gesetzt hatte. Das Wort „Schlaraffe" kommt angeblich vom mittelhochdeutschen Wort „Slur-Affe", was „sorgloser Genießer" bedeutet. Unter dem Wahlspruch der Vereinigung „In arte voluptas" (In der Kunst liegt Vergnügen), traf hier Peter Rosegger einen Freundeskreis, welcher sich zum Teil mit seinem Stammtisch im Krug zum grünen Kranze deckte.

Rosegger äußerte sich in seinem Buch *Mein Weltleben* über die Schlaraffen: „Jenes erste Mal (1884), als ich in der ‚Schlaraffia' gewesen, war nicht das letztemal. Seither nicht allzu selten sattle ich nach des Tages Müh' mein Rößlein und reite in die Burg. Viel wirklichen Kunstgenuß und viel Schabernak habe ich dort erfahren, und auch manch ernster, erhebender Augenblick ist aufgegangen in dem Reiche. – Ich bin im Laufe der Jahrzehnte Erbschlaraffe und Reichsführer des ‚Reyches Grazia' geworden und Ehrenritter vieler ‚Reyche', besonders der ‚Allmutter Praha'. Obschon ich in diesem höhern Kreise weniger geleistet als genossen habe."

Während des Sommers pflegte Peter Rosegger seinen obersteirischen Freundeskreis und betätigte sich als guter Gastgeber in seinem eigenen Sommerhaus, von dem aus er mit Freunden immer wieder Bergtouren unternahm. Man traf sich aber auch im Mürzzuschlager Hotel Post, welches seinem Freund, dem Skipionier Toni Schruf gehörte. In diesem Hotel gab es ein Rosegger-Stüberl, hier begründete Toni Schruf am 22. Februar 1900 die Mürzzuschlager Rosegger-Gesellschaft. Wie sehr Rosegger der Gastlichkeit im Freundskreis zugetan war, zeigt sich am folgenden Spruch:

Ba mir z'haus
bin i nia z'haus.
In dem Wirtshaus
bin i wia z'haus.

FOLGENDE DOPPELSEITE: Roseggers Waldheimat. Der heute noch bewirtschaftete Schmiedhoferbauer in Alpl. Fotografie von Jakob Hiller.

LINKS OBEN UND UNTEN: Innenaufnahmen des Roseggerstüberls in Mürzzuschlag.

RECHTS: Die Karikatur Roseggers drückt seine Verbundenheit mit dem Wirtshaus im Hotel Post aus.

Peter Rosegger als gefragter Vortragender

Roseggers Werke erzielten beachtliche Auflagen und seine steigende Popularität als Dichter führte dazu, daß er gerne und immer öfter zu öffentlichen Vorträgen und Auftritten bei verschiedensten Festveranstaltungen eingeladen wurde.

Für das städtische Bürgertum waren seine reichlich mit Humor gewürzten Vorlesungen in steirischer Mundart von besonderem Reiz, und die meisten seiner Auftritte fanden in ausverkauften Häusern statt. Rosegger schmeichelte es, daß sich das Publikum festlich gekleidet in den prachtvollen Sälen einfand, in denen sonst Konzerte ausgerichtet wurden.

Einmal berichtete er darüber: „Ich las die Bauernnöthen und die Bauernspässe – im Frack und mit der weißen Cravate. Der feinste Saal der Stadt war dazu gewählt und das Publikum kam heran mit jener Weihestimmung, die es etwa den Beethoven'schen Symphonien oder dem Requiem von Verdi mitzubringen gewohnt ist."[8]

Rosegger war bereits zu einem gewissen Wohlstand gelangt und konnte es sich leisten, den Ertrag dieser Vortragstätigkeit für wohltätige Zwecke zu spenden. Er war oft in Wien eingeladen, wo er durch den „Verein der Literaturfreunde" eingeführt worden war, häufig gab es aber auch Gelegenheiten

Der bereits über die Landesgrenzen hinaus bekannte Rosegger, um 1906 aufgenommen vom Mürzzuschlager Hoffotografen Franz Josef Böhm.

zu Lesungen im deutschsprachigen Ausland. Ab 1878 absolvierte er regelmäßige Vortragsreisen nach Deutschland, wo er stets mit großer Begeisterung aufgenommen wurde. Dabei gab es auch Begegnungen mit prominenten Persönlichkeiten, wie beispielsweise im November 1878, wo er in Berlin den jüdischen Schriftsteller Berthold Auerbach kennenlernte, der ähnlich wie Rosegger Verfasser von Dorfgeschichten war. Er traf auch den aus Tirol stammenden Genre- und Historienmaler Franz Defregger, einen bedeutenden Vertreter der sogenannten Münchner Schule, dem er lange freundschaftlich verbunden blieb.

Peter Rosegger und Franz Defregger.

Bei einer Lesung im Badeort Abbazia im Jahr 1886 befanden sich sogar das österreichische Kronprinzenpaar Rudolf und Stephanie unter der Zuhörerschaft. Aber auch Erzherzog Karl Ludwig, die Großherzogin von Baden, die Großherzogin von Weimar-Eisenach und die Königin Elisabeth von Rumänien waren unter den Besuchern seiner Leseauftritte zu finden.

Rosegger liebte es zu reisen, weil er auf diese Art eine Fülle von Eindrücken erhielt, welche ihn in seinen literarischen Arbeiten beflügelten. Seit 1888 besaß er einen Freifahrschein für sämtliche Südbahnstrecken, wovon er reichlich Gebrauch machte.

Schon seit einiger Zeit hatte sich Peter Rosegger mit dem Plan getragen, eine eigene monatlich erscheinende Zeitschrift herauszugeben. Im Oktober 1876 erschien im Grazer Leykam-Verlag das erste Heft dieser Monatsschrift, welcher er den Namen *Heimgarten* gegeben hatte. Die Zeitschrift wurde von Anfang an ein voller Erfolg. Innerhalb kürzester Zeit war die erste Ausgabe ausverkauft und bald gelang es ihm, mit dem Periodikum eine treue Leserschaft im gesamten deutschen Sprachraum an sich zu binden.

Umschlagblatt der Nummer 1 des ersten Jahrganges des von Rosegger gegründeten und herausgegebenen *Heimgartens* 1876.

Bei der Idee zu der Zeitschrift und der Namensgebung mag die seit 1853 in Leipzig erscheinende Postille *Die Gartenlaube* inspirierend gewirkt haben. Auch diese überaus erfolgreiche Zeitschrift hatte das Ziel, Unterhaltung und Belehrung zu bieten und in ihr publizierten viele prominente zeitgenössische Schriftsteller, wie beispielsweise Theodor Fontane, Ludwig Ganghofer, Paul Heyse, Friedrich Rückert und Eugenie Marlitt.

Auch für seine Monatsschrift konnte Rosegger, der dem Unternehmen mit Reportagen, Stellungnahmen zum Zeitgeschehen,

Erzählungen und Gedichten einen sehr persönlichen Stempel aufdrückte, zahlreiche prominente Autoren jener Tage gewinnen. Dazu zählten unter anderem Ludwig Anzengruber, Eduard Bauernfeld, Rudolf Baumbach, Robert Hamerling, Franz Krones, Alfred Meißner, Friedrich Schlögl, August Silberstein und viele weitere. Den Hauptteil der journalistischen und literarischen Arbeiten besorgte Peter Rosegger selbst. Durch den *Heimgarten* hatte er ein Publikationsorgan geschaffen, welches er nach seinem Geschmack und eigenen Anschauungen gestalten konnte. Er war auch die Verpflichtung eingegangen, all seine Werke zu allererst im *Heimgarten* zu veröffentlichen. Die meisten Artikel zeichnete er mit seinem Namen, oder dem Kürzel „R“ , manchmal verwendete er auch das Pseudonym Hans Malser, unter dem er auch das Werk *Vom Kreuzweg des Lebens* publizierte.

Peter Rosegger leitete die Monatsschrift durch 34 Jahre, ehe er die Redaktion im Jahr 1910 an seinen Sohn Hans-Ludwig abtrat.

Heimgarten

1. Heft. October 1890. XV. Jahrg.

Unser Plan.

So schreiben, dass man's lesen kann,
So sprechen, dass man's verstehen kann,
Erzählen, dass man's glauben kann,
So zeigen, dass man's sehen kann.
Ein froher Sinn, der scherzen kann,
Und tiefen Ernst auch ehren kann,
Ein heißes Herz, das herzen kann,
Und sich zur Noth auch wehren kann.
Mit Füßen stets auf Erden stah'n,
Das Haupt gehoben himmelan,
Das war, das ist und bleibt der Plan
Des Heimgarten.

Der Heimgartenmann.

Der Adlerwirt von Kirchbrunn.

Eine Dorfgeschichte von P. K. Rosegger.

Erster Abschnitt.

„Also vorwärts!“ rief das Männlein und sprang flink in den Wagen. „Wolfram, komm an meine grüne Seite, du hast ganz nett Platz neben dem alten Knaben! Wir wollen ja schwatzen unterwegs!“

Demnach setzte sich der junge Kutscher nicht auf den Bock, sondern schickte sich an, vom bequemen Sitze des Landauers aus die Pferde zu leiten. Es waren zwei muntere Braune, deren glatte Haut einen feinen Seidenglanz hatte, als ob sie wie das Riemzeug gewichst worden wäre.

Rosegger's „Heimgarten“, 1. Heft. XV. 1

Heimgarten vom Oktober 1890 mit dem Anfang der Dorfgeschichte *Der Adlerwirt von Kirchbrunn* von Peter Rosegger.

O Gott, dein Kind, das, Höchster, dich bekennt,
Und das, aus Staub, Unwürdiger, dich ~~[illegible]~~ denkt,
Dein Kind, das sich nach Licht und Wahrheit sehnt,
Das du so ~~[illegible]~~ liebevoll gelenkt:
Das steht nun zagend an der schmalen Brücke,
Die es zu seinem Ziele hin soll ~~[illegible]~~ führen,
Das Ziel ist dunkel u. der Weg voll Tücke,
O lasse mich nicht fallen u. nicht irren.
Die Kinderzeit, zum Träumen auserkoren,
Die ist jetzt da, u. bald ist sie dahin.
Was ich verlier' jetzt, ewig bleibt's verloren,
Und Reue wär' der einzige Gewinn.
Die Welt, sie lockt mit Glitzern und mit Scherzen,
Wo ist der treue Führer, der mich weist?
Ich bitt dich, o Herr, aus ganzem Herzen,
Erleuchte mich mit deinem heiligen Geist!

In einer der nächsten Grammatikstunden kam Professor Holt zu mir an die Bank, um nachzusehen, ob ich auch das richtige Lehrbuch hatte. Da fand er in dem Buch das Blatt mit dem Gebet. Er nahm es mit zu seinem Tisch u. las es. Und nach der Stunde fragte er mich: „Wer hat denn das gemacht? Sie?“ – Ich mußte es zugeben. Er sagte nichts weiter u. ging fort.
Und von diesem Tage an ist er mein Freund geworden. Er ~~[illegible]~~ war unser Deutsch- u. Religionslehrer, ~~[illegible]~~ und was ich in der Schule nicht bewältigen konnte, das nahm er manchmal zu Hause mit mir durch. Und ich vermute, daß er manchem *

* seinen Kollegen ~~[illegible]~~ gegenüber ~~[illegible]~~ geholfen hat, wenn der mir ein „Ungenügend“ in das Examenszeugnis geben wollte. – War das nicht eine Frucht meines Gebetes?

Links: Eine Seite aus Roseggers Selbstbiografie im Februarheft 1913 des *Heimgartens*.

Peter Rosegger war Zeitzeuge einer von starkem Wandel geprägten Epoche und erlebte zahlreiche Veränderungen und Umbrüche. Seine Werke sind auch authentische Zeugnisse für die Wirtschafts-, Sozial- und Kulturgeschichte der franzisko-josephinischen Epoche.

Peter Rosegger war ein Zeitzeuge der 68 Regierungsjahre von Kaiser Franz Joseph I. (1848–1916) und der zwei letzten Jahre der Monarchie unter Kaiser Karl I. (1916–1918). Durch seinen Tod am 26. Juni 1918 blieb es ihm erspart, den Zusammenbruch der Monarchie mitzuerleben. In die Epoche von Kaiser Franz Joseph I. fällt der Glanz der sogenannten „Gründerzeit“ genauso wie der militärische und politische Niedergang, welcher mit dem Ende des Ersten Weltkrieges besiegelt wurde.

Nicht zuletzt im Lichte von sentimentalen Vergangenheitsbeschwörungen firmiert diese Ära als die „gute, alte Zeit“. Peter Rosegger blieb die widersprüchliche sozio-ökonomische Entwicklung nicht verborgen. Da war einmal der sich in der Gründerzeit vollziehende eindrucksvolle ökonomische Aufstieg, der etwa mit der Neukonzessionierung von 1.005 Aktiengesellschaften allein von 1867 bis 1873 beredten Ausdruck fand.[9] Doch neben dem realen Wirtschaftswachstum gab es auch gefährliche Entwicklungen. So hoffte man in Österreich

Roseggerbildnis, unterschrieben mit den Worten „Unser Ziel sei der Frieden des Herzens P. K. Rosegger“.

im Zusammenhang mit der großen Weltausstellung in Wien im Jahr 1873 ausländisches Kapital und ein zahlungskräftiges Publikum aus aller Welt ins Land locken zu können und so kam es zu einer ungeheuren Spekulationsblase. Die Weltausstellung, die Rosegger auch besuchte und über die er in seiner Zeitschrift *Heimgarten* mehrmals berichtete, wurde den hoch gesetzten Erwartungen keineswegs gerecht. Dazu trug auch eine in Wien grassierende Cholera-Epidemie bei, welche das ausländische Publikum abschreckte.

Die von Carl Ritter von Ghega errichteten Bahnanlagen über den Semmering prägen die Landschaft bis heute. Fotografien um 1900.

Die zahlreichen Spekulationen platzten und die Börsenkurse stürzten ins Bodenlose – der „Börsenkrach“ von 1873 erschütterte die Monarchie. Von Österreich ausgehend ergriff die Weltwirtschaftskrise ganz Europa, aber auch für die Vereinigten Staaten wurde 1873 zu einem Krisenjahr, welches zu einer anhaltenden Depressionsphase führte.

Peter Rosegger machte das Spekulantentum für die Krise verantwortlich und er schrieb zahlreiche scharfe Kommentare über die Sucht, das schnelle Geld auf der Börse zu erzielen. Er sah auch die größer werdenden sozialen Differenzen und so kommentierte er überaus kritisch: „Der ungeheure Reichtum hat eine ungeheure Armut erzeugt. Die Gegensätze sind so enorm geworden, daß einem die Ahnung überkommt: Wir stehen an der Schwelle einer neuen Welt. Möchten die Köpfe nicht vernagelt, die Herzen nicht verstockt sein, damit das, was geschehen muß, auf dem Wege der Reform geschieht."[10]

In der Wirtschaft jener Jahre vollzog sich ein ungeheurer Modernisierungsschub, Eisenbahnen wurden gebaut, zahlreiche Banken und Industrieunternehmen gegründet. Doch die neuen Industrien erstickten mit ihren Massenfertigungen viele kleingewerbliche Betriebe, die in teurerer Handarbeit fertigten. Es kam zwar nicht zu dem von einigen Sozialkritikern des 19. Jahrhunderts vorausgesagten völligen Untergang des Gewerbes, aber es vollzog sich ein tiefgreifender Wandel in den sozialen Verhältnissen. Die fast unbeschränkte Gewerbefreiheit sollte in Österreich indes nicht allzu lange andauern. Durch die Gewerbeordnungsnovellen von 1883 und 1885 kam es erneut zu Restriktionen.

OBEN: Der erste Zug der Südbahn, der von Wien aus nach Baden bei Wien fährt.

UNTEN: Halle des nicht mehr bestehenden Wiener Südbahnhofs, um 1900.

Als äußeres Zeichen dieses Modernisierungsprozesses während der „Gründerzeit" nahm die Landflucht zu und die Zahl der gewerblichen und industriellen Arbeitskräfte stieg deutlich an. Diesem wirtschaftlichen Aufschwung, welcher zu einer stürmischen Industrialisierung in einigen österreichischen Regionen führte, standen andererseits militärische Niederlagen,

Gebietsverluste und der politische Abstieg Österreichs gegenüber. Peter Rosegger erkannte die Menetekel seiner Zeit und er registrierte den allseitigen Wandel mit wachen Sinnen: „Unsere rasch vorwärts schreitende Entwicklung macht es, daß heute ein einziger Mensch mehr erlebt, als früher Vater, Sohn und Enkel zusammen."[11]

Kühne Holzknechte bringen das Blochholz mit Schlitten ins Tal. Besonders durch den Eisenbahnbau und die zunehmende Industrie stieg die Nachfrage nach Holz. Die dadurch forcierte Aufforstung veränderte das Antlitz der Landschaft.

Modernisierung und die Industrialisierung kannten also nicht nur Gewinner und Aufsteiger, es gab auch viele Verlierer. Dazu zählten all jene Berufe, die durch die neuen Industrien nun ihre Existenzgrundlage verloren und untergingen. Bei Peter Rosegger finden sich viele Reflexionen über diese heute längst versunkene Arbeitswelt. Er beschrieb die aussterbenden Berufe und hinterließ in seinen *Handwerker-Geschichten* viele wertvolle Schilderungen. Da Rosegger selbst dem Bauernstand entstammte, fand die bäuerliche Welt in ihm einen besonders kenntnisreichen Historiographen. Die Bauern selbst zählten nicht zu Roseggers engerer Leserschaft, vielmehr vermittelte der Dichter einem überwiegend städtischen Leserkreis Kenntnisse über das bäuerliche Leben und die bäuerliche Kultur.

Dabei stellt Peter Rosegger die bäuerliche Welt keineswegs unkritisch dar. Das karge Leben in den

Rauchstuben wurde nicht sozialromantisch verklärt. Er hatte einen klaren Blick für die Ausbeutung der bäuerlichen Hilfskräfte und die bäuerlichen Unarten. Er zeigte auch die oft unzureichenden hygienischen Verhältnisse auf und die für Knechte und Mägde oft unbefriedigende Lebenssituation.

Es war sein Ziel, die sich damals stark ändernden Verhältnisse für die Nachwelt festzuhalten. Seine Neigung zur Dokumentation der Alltagswelt und ihrer Bräuche und Gepflogenheiten hatte bereits in seinen Jugendjahren der steirische Komponist und Volksliedersammler Jakob Eduard Schmölzer in ihm geweckt, der ihn motivierte, einige der bereits selten gesungenen Volkslieder aufzuzeichnen. Er vermittelte Peter Rosegger das Bewußtsein, daß vieles unwiederbringlich

Aus dem Halleninneren der Metallwarenfabrik in Knittelfeld, aus dem Kronprinzenwerk *Die Österreichisch-ungarische Monarchie in Wort und Bild*, 1890.

OBEN: Adolph von Menzel: *Das Eisenwalzwerk* (1872–1875).

UNTEN LINKS: Teilansicht des Kapfenberger Werkes der Gebrüder Böhler und Co., 1. Hälfte des 20. Jh.

UNTEN RECHTS: Blechwalzwerk der Krieglacher Eisenwerke-Aktiengesellschaft, 1. Hälfte des 20. Jh.

verlorengehe, wenn man es nicht dokumentierte. Der Dichter tauschte sich in diesen Fragen auch mit dem bekannten steirischen Volkskundler Professor Viktor von Geramb, dem Wiener Germanisten Professor Karl Julius Schröer und weiteren Wissenschaftlern aus.

Ein besonderes Anliegen war es Peter Rosegger, den Alltag und das Leben der „kleinen Leute" darzustellen. Er interessierte sich sehr für die bäuerliche

Wohnkultur, die er in selbst angefertigten Zeichnungen festhielt. Weiter befaßte er sich mit der Vielfalt der alpenländischen Dialekte; gewissenhaft vermerkte er aussterbende Worte, aber auch seltsame Grabinschriften, skurrile Gipfelbucheintragungen und die vielen Ausprägungen des ländlichen Aberglaubens.

In Roseggers Werk spiegeln sich die historischen Einschnitte seiner Lebenszeit. Der Vormärz endete mit der Märzrevolution von 1848, als Peter Rosegger fünf Jahre alt war. Wenngleich die Revolution in der Einschicht des Alpls nicht unmittelbar spürbar war, so brachte sie doch viele Auswirkungen auf das Leben der Bergbauern. In der Folge der Revolution vollzog sich auch der Kampf um eine Verfassung, welche die Privilegien des Adels beseitigen und die Grundrechte der Bürger sichern sollte. Diese Revolution bezeichnete Peter Rosegger später als eine „Naturnotwendigkeit“: „Die Befreiung der unteren Stände, die Aufhebung längst unzeitgemäß, weil unpraktisch gewordener Privilegien, die Anerkennung der Menschenrechte, als: das Selbstbestimmungsrecht der Körperschaften und des Einzelnen, das Recht der Arbeit auf Lohn, das Recht der freien Gesinnung!“[12]

Die Revolution von 1848 hatte auf Österreich wesentliche Auswirkungen. Eine der wichtigsten Errungenschaften war die längst überfällige Bauernbefreiung. Damit wurde das alte System der Grundherrschaften beendet und die Bauern brauchten keine Abgaben mehr

Korrespondenzkarte Peter Roseggers, mit seinem berühmtgewordenen Hut, 1910.

an die adeligen Grundherren zu entrichten. Doch die Grundherrschaft hatte auch eine Schutzfunktion ausgeübt, schließlich hatte der Grundherr auch selbst ein Interesse daran, die Bauernwirtschaften am Leben zu halten und sich damit die künftigen Abgaben zu sichern. Die Bauern waren zwar frei geworden, doch nun waren sie völlig auf sich gestellt und mußten mit den Gesetzen der Marktwirtschaft fertig werden; denn der bisherige soziale Schutz durch die Grundherrschaft fiel nun völlig weg.

Somit bedeutete die Aufhebung der Grunduntertänigkeit für viele Bauern lediglich die Auswechslung der Bezugspersonen, von denen sie abhängig waren. Viele tauschten die Grunduntertänigkeit gegen eine neue Abhängigkeit von den Kreditinstituten ein. Nicht wenige Landwirte gaben auf und so mancher Kleinbauer wurde zum proletarischen Fabrikarbeiter. Die einsetzende Landflucht kam der aufkommenden Industrialisierung im Mur- und Mürztal entgegen, welche so mit genügend Arbeitskräften versorgt wurde.

Im harten Wettbewerb der Landwirtschaft waren die Großgrundbesitzer in einer besseren Position, denn sie konnten leichter in Modernisierungen investieren, hingegen verfügten viele Bauern über nur unzureichende Grundstücksgrößen;

Der Dichterfürst elegant gekleidet mit Schirm und Handschuhen. Fotoatelier Leopold Bude, Graz.

besonders die unter ungünstigen Bedingungen produzierenden Bergbauern mußten um ihre Existenz bangen. Die Situation der alpenländischen Bauern verschlechterte sich auch noch durch die Liberalisierung des Außenhandels. Damit erhöhte sich am heimischen Agrarmarkt die Konkurrenz durch billigere ausländische Produkte, die mit dem Ausbau des Eisenbahnnetzes und der damit verbundenen Senkung der Transportkosten vermehrt ins Land strömten.

Die österreichische Landwirtschaft bekam vor allem die Konkurrenz der ungarischen Agrarier zu spüren. So wurde die Großstadt Wien zu großen Teilen aus dem böhmisch-mährischen Raum und der ungarischen Tiefebene beliefert. Vor dem Ersten Weltkrieg kamen nur etwa 20% bis 22% der Rinderanlieferungen aus dem Alpenland, rund die Hälfte des Brotgetreides stammte aus Ungarn.

Peter Rosegger befaßte sich eingehend mit den Problemen der Bauern, welche mit den technologischen Fortschritten verbunden waren: „Als in den Fünfziger-Jahren durch die Eröffnung der Bahn durch's Mürztal die Welt aufgetan wurde, als aus gesegneten Gegenden das Korn billiger in's Land kam, wie man es da oben, stets von Mißjahren gefährdet bauen konnte, fanden die höchstliegenden Höfe am Alpel, daß es besser sei, die Felder zu Wiese und Wald anwachsen zu lassen. Man züchtete Vieh, man verwertete den Wald zu Kohlen, Eisenbahnschwellen und Telegraphenstangen, die man in's Mürztal führte. Bargeld kam in's Land; das Bargeld führte in's Wirtshaus, zum Krämer, der allerlei Waren hatte, die man früher gar nicht gekannt, jetzt aber allmählich zum Bedürfnis wurden. Früher hatte der Alpel-Bauer Alles, was er aß und trank, womit er sich bekleidete und sein Haus baute, aus eigenem Grund und Boden zu ziehen gewußt, jetzt kaufte er's um Geld... Die Lebensweise verteuerte sich, die Steuern wuchsen, man machte, wenn es ging, Schulden auf Rechnung der nächstjährigen Hafierernte."[13]

Folgende Doppelseite

Links oben: Der Blaserhof, wo der junge Rosegger viel verkehrte.

Links unten: Der Magritzerhof, den Roseggers Bruder Jakob bewirtschaftete.

Rechts oben: Der Grablerhof. „Die Familie des Grablers war mit uns auf das engste verbunden. Meine Eltern hatten alle Kinder des Grablers und seines Weibes aus der Taufe gehoben, und umgekehrt waren wir alle die Taufkinder der Grablerleute. Es hat nichts gegeben, in welchem wir uns gegenseitig nicht in die Hände gearbeitet, nicht aus kleinen und großen Nöten geholfen hätten."

Rechts unten: Der Alplhofer in St. Kathrein am Hauenstein. In diesem Gehöft ist Rosegger am 5. Juli 1860 als Schneiderlehrling bei Ignaz Orthofer eingetreten. Fotografie Franz Josef Böhm.

Vorige Doppelseite: Der Auenbauer auf dem Alpl. Fotografie von Jakob Hiller. „Der Auenbauer war es auch gewesen, der später dem alten hausierenden Michael Patterer ein kleines Schulhaus baute. Doch ist die Schule nach des Lehrers Tod wieder aufgelassen worden, und der Auenbauer siedelte, obwohl er das Haus vielleicht im letzten Sinne für sich selbst als Altenleutstübel bauen ließ, von Alpel fort, ins breite Tal, wo er an der fremden Welt bald vergangen ist." Peter Rosegger, *Mein Weltleben*.

Peter Rosegger als Sensationsreporter

Als Redakteur des *Heimgartens* ließ Peter Rosegger bereits einige Facetten des modernen Journalismus erkennen, die man heute als „Sensationsjournalismus" bezeichnen würde.

So berichtete er immer wieder über Unglücksfälle und Katastrophen, wobei er sich nicht scheute, seiner Leserschaft überaus drastische Schilderungen zu bieten. Als sich beispielsweise das gewaltige Erdbeben in Laibach ereignete, begab er sich sofort in die vom schrecklichen Unglück schwer getroffene Stadt, um der Leserschaft seine unmittelbaren Eindrücke von dem Geschehen zu vermitteln. Er befragte die Einwohner, machte sich ein eigenes Bild und berichtete dann in drastischem Stil: „Priester trugen die Hostie umher und erteilten dem Volke Generalabsolution, denn man glaubte, der jüngste Tag sei gekommen... Man glaubt es nicht, wie rasch sich die Menschen den Verhältnissen anzubequemen wissen, wenn es sein muß. Frauen, die nur mit modernster Toilette auf die Gasse zu gehen pflegten, saßen hier in dürftigem Nachtgewande. Männer, die man sonst kaum ohne Frack und Glacéhandschuhe zu sehen bekam, liefen barfuß umher. Mancher hatte nichts als eine Bettdecke um den Leib geschlagen. Einen Herrn sah ich in bloßer Gattie und auf dem Kopf einen Zylinder. So viel Trauriges und Drolliges durcheinander!"[14]

Häufig versah er seine Tatsachenberichte mit moralisierenden Kommentaren. So schrieb Rosegger: „Deutsche und Slowenen, was soll das kindische

Streiten! Ich glaube – vielleicht ist es nur eines Poeten Aberglaube – das Erdbeben hat die Herzen aufgerüttelt und die Menschen wissen nun wieder einmal, daß sie zusammengehören. Was die Sprache trennt, soll der Gedanke wieder einen." Und sein Kommentar endet mit den Zeilen: „O habt euch lieb. Die Toten pochen laut in ihren Grüften."[15]

Im Stile moderner Sensationsjournalisten wandte er listenreich Tricks an, um zu besonderen Informationen zu gelangen. Als die tragischen Ereignisse von Mayerling bekannt wurden, fuhr Rosegger nach Wien, wo der Kronprinz in der Hofburg aufgebahrt war. Als ihm die Burggendarmen den Zutritt verweigern, weil nur offizielle Besucher zugelassen wurden, gab er nicht

LINKE SEITE: Ferdinand Pamberger: Peter Rosegger, 1910.

Rosegger in Dichterpose. Fotografie von Franz Josef Böhm.

etwa auf. Da er die Idee hatte, sich einen Lorbeerkranz zu besorgen und mit einer Mietdroschke vor der Hofburg vorzufahren, konnte er die Absperrungen überwinden und ungehindert in den Aufbahrungsraum gelangen. Seine Leserschaft erhielt dann im *Heimgarten* eine authentische Schilderung: „Die Stimmung jenes Augenblickes, als ich einging in die herrlichen Hallen, die ein Garten des Todes geworden waren, ist unbeschreiblich. – Ihr kennt ihn, den betäubenden Duft der Blumen und Kränze, den trübroten Schimmer der Kerzen und Ampeln, der am Katafalk gleichsam wie im Vorhofe der Ewigkeit herrscht. Anders ist der Palast und anders ist die Hütte; aber der Sarg hat die gleiche Form für Hoch und Nieder: So gehen die Armen und Glücklosen hin, so gehen die Fürsten hin...“[16]

Peter Rosegger über dem Motto „Gütig und treu!“.

Eine ganz besondere Fundgrube an Berichten und subjektiven Wertungen von Zeitereignissen findet sich in seinen öffentlich geführten Tagebüchern. Dabei berichtete er in der Kolumne *Heimgärtners Tagebuch* auch über seine sehr private Lebenswelt. Er berichtete über den Tod seiner ersten Frau, über das Heranwachsen seiner Kinder oder seine Freundschaft zu prominenten Zeitgenossen und er schilderte zum Teil akribisch genau seine eigenen Krankheiten.

Es ist heute nicht mehr allzu bekannt, daß Peter Rosegger sich weit über seine Erzählungen hinaus auch in vielen Sparten des Journalismus betätigt hat. Sehr oft hat er sich für ihm wichtig erscheinende Anliegen mit dem Gewicht seiner ganzen Persönlichkeit engagiert und man kann ihn durchaus bereits als einen frühen „Aktionsjournalisten" bezeichnen. Die meisten diesbezüglichen Artikel stammten von ihm selbst und die meisten seiner Aufrufe und Hilfsaktionen entsprangen seinen eigenen Ideen und Vorstellungen.

Er stellte aber seine Zeitschrift *Heimgarten* auch oft als Sprachrohr für neue gesellschaftliche Strömungen und Gruppierungen zur Verfügung. Wiederholt nutzte er seine Prominenz, um Geld für wohltätige Zwecke zu sammeln. Dabei setzte er sich für verschiedene soziale Fragen und zugunsten benachteiligter Menschen ein, etwa mit den Spendenaufrufen unter dem Appell „Rettet verlassene Kinder!"[17]. Er rief auch zu Spenden zugunsten hilfsbedürftiger Volksschullehrer und deren Witwen und Waisen auf und er sammelte, um Erholungsaufenthalte für sieche Stadtkinder, Tuberkulosenheime, Asyle, Studentenheime etc. zu finanzieren. Als Mitglied und durch publizistische Schützenhilfe förderte er zahlreiche soziale Hilfsvereine.

Nach Bekanntwerden der Absicht, daß in Graz ein Casino errichtet werden sollte, wurde in Roseggers *Heimgarten* ein sehr kritischer Kommentar veröffentlicht, der auf die schlechten Zustände im Krankenhaus (Lazareum) verwies und den Sozialisten beipflichtete, welche lieber die Sozialeinrichtungen verbessern wollten, ehe man an die Errichtung eines Casinos denken sollte.

Aber auch bei Unglücksfällen aller Art, wie Hochwasser, Brand, Lawinen oder Erdbeben, mobilisierte Rosegger seine Leserschaft und er tat dies regelmäßig mit großem Erfolg, beispielsweise bei der Lawinenkatastrophe am Lahnsattel (1878), der Hochwasserkatastrophe

Geburtstagskarte des Vereines Südmark: „Dem unermüdlichen Vorkämpfer des Deutschtums. Peter Rosegger zu seinem 70. Geburtstag in dankbarer Verehrung, Graz/31. Juli 1913."

Plakette von Hans Brandstetter: „Dem Gründer der Waldschule Peter Rosegger zum 31. Juli 1903 Die Waldheimatgesellschaft."

in Tirol und Kärnten (1882), der Brandkatastrophe in Windischgrätz oder der Hochwasserkatastrophe in Schlesien (beide 1903).

Auch zu umweltpolitischen und raumplanerischen Fragen nahm Rosegger Stellung und meldete sich regelmäßig sehr akzentuiert zu Wort. Eine gesunde Umwelt war ihm genauso wichtig, wie die Erhaltung von Erholungsräumen, welche er gegen die Zersiedelung verteidigte. So hatte er wesentlichen Anteil an der Rettung des Maria-Grüner-Waldes, er beteiligte sich aber auch an der Diskussion über die Gestaltung des Grazer Schloßberges. Er agierte genauso für die Abschaffung der Tierfolter und der Vivisektion wie für eine allgemeine Lebensreform und eine gesunde, einfache Lebensweise.

Überaus freundlich schrieb er über die Anliegen der zahlreichen Mäßigkeitsvereine und Abstinenzlerbünde. Dabei tat er dies, ohne ein Eiferer zu sein. Er verschwieg seinen Lesern auch nicht, daß er durchaus ein gutes Glas Wein zu schätzen wusste. Rosegger berichtete auch über vegetarische Vereine, über die Heimatschutzbewegungen und über die zahlreichen Volksbildungsvereinigungen. Er befaßte sich ferner mit der Förderung des steirischen Tourismus und stärkte, wo er konnte, die Bekanntheit seiner Geburtsregion. Der von ihm geschaffene Begriff „Waldheimat" verfestigte sich innerhalb kurzer Zeit auch als eine offizielle geographische Bezeichnung.

Ein besonderes Anliegen war ihm das Gedächtnis an bedeutende Künstler. So setzte er sich dafür ein, daß die Werke des 1874 gestorbenen oberösterreichischen Mundartdichters Franz Stelzhamer in einer

Gesamtausgabe erscheinen konnten. Er zählte ferner zu den Wortführern für die Errichtung eines Denkmals für den 1889 verstorbenen Dichter und Schriftsteller Robert Hamerling im Grazer Stadtpark und rief dazu auf, verarmten Künstlern, wie beispielsweise dem chronisch verschuldeten norddeutschen Dichter Detlev von Liliencron, Geldunterstützungen zu gewähren.

Dabei konnte er sich auch für kleine Dinge stark machen. Es störte ihn etwa, daß am Denkmal des Moritz Ritter von Franck nur dessen Name zu lesen war, nicht aber der Hinweis, was der Mann denn geleistet habe. Um dem Rätselraten der fremden Besucher ein Ende zu machen, schlug er die Anbringung des Zusatzes „Schöpfer des Stadtparkes" vor.[18] Tatsächlich kam der Grazer Magistrat dieser Anregung nach.

Neben Kirchenbauten waren auch Schulgebäude ein Herzensanliegen Peter Roseggers. Besonders bekannt

FOLGENDE DOPPELSEITE: Die Waldschule auf dem Alpl. Fotografie von Jakob Hiller.

Die Einweihung des Waldschulhauses in Alpl am 28. September 1902, Rosegger hält die Festrede. Fotografie von Franz Josef Böhm.

„Am 28. September 1902 vollzog sich auf der sonst so einsamen Waldstraße nach Alpel eine Völkerwanderung. Fußgeher in Reihen und Gruppen, Bauernkarren und Herrenwägen in langen Schneisen bewegten sich hinan, heiter und froh unter der Herbstsonne, die von leichten Wolkenzügen manchmal flüchtig verdeckt war." Peter Rosegger, *Mein Weltleben*

20
21
22
11
16
16
36
33
35
13
30
29
34
31
6
3
10
8
4
2
25
5
14
12
24
27

war sein Engagement für die Errichtung der Waldschule am Alpl im Jahr 1901. Eine Delegation von Alpler Bauern hatte sich an ihren einstigen Jugendfreund gewandt und bat ihn, er möge den Kindern am Alpl ein Schulhaus errichten. Mit Freude widmete sich Peter Rosegger diesem Anliegen. Sein Freund, der bekannte obersteirische Hotelier und Skipionier Toni Schruf und die von diesem gegründete „Rosegger-Gesellschaft“ unterstützten ihn. In kurzer Zeit waren die nötigen Geldmittel sowie Zusagen für Baumaterial und Einrichtungsgegenstände vorhanden. Bei der Einweihung der Waldschule am 28. September 1902 sprach Peter Rosegger folgende Worte, die er in seinem Buch *Mein Weltleben* wiedergab: „Liebe Freunde! Heute ist ein Freudentag, den ich nicht mehr hoffte, zu erleben. Ein Jugendideal, das mich seit fünfzig Jahren begleitet hat, ist in Erfüllung gegangen. Krieglach/Alpl hat eine Schule und ein Schulhaus... Aber dieses Haus, wie es heute noch vor uns steht, ist ein Körper ohne Geist. In ein schönes Gefäß gehört ein guter Inhalt... Ob der neue und junge Waldschulmeister es ahnt, welch' eine ernste, bedeutsame Aufgabe hier seiner harrt? Der Lehrer muß hier in der Weltabgeschiedenheit mehr als anderswo, nicht bloß Schulmeister sondern auch Führer und

OBEN: Die Waldschule zu Beginn des 20. Jahrhunderts.

UNTEN: Die Schulkinder und Lehrer helfen beim Anlegen eines Schulgartens.

LINKS OBEN: Waldschulklasse 1903/04 mit Peter Rosegger.

LINKS UNTEN: Schulkinder nach der Weihnachtsbescherung auf der Stiege zur Waldschule.

Freund der Kinder und treuer Anwalt der ganzen Bevölkerung sein... Nun noch ein paar Worte an meine engsten Landsleute. Strebet nicht hinaus in die Welt. Bleibet daheim in eurem Waldlande. Hier werdet ihr

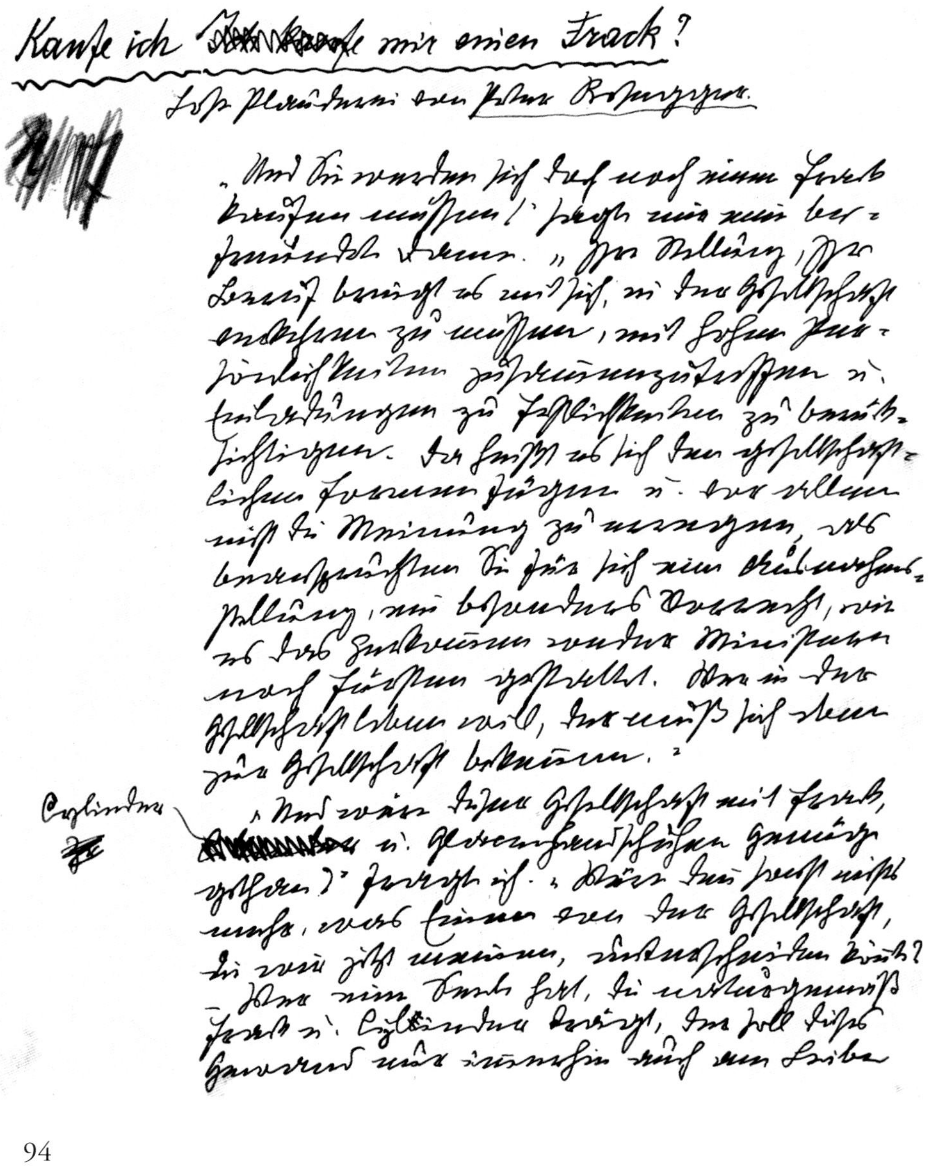
Kaufe ich mir einen Frack?

Lose Plaudereien von Peter Rosegger.

nicht reich, aber auch nicht so arm, als ihr in der Fremde werden könntet, nicht so arm und verlassen, wie so mancher geworden, der von dieser Heimat fortgezogen ist. Ich selbst bin draußen gewesen und wieder heimgekehrt, weil's mir hier am besten gefällt. Lernet soviel euch möglich ist, zu lernen, richtet eure Wirtschaften mehr nach den Zeitverhältnissen ein, arbeitet mutig, haltet fest zusammen und vertrauet herzhaft auf Gott, dann werden für euch Bewohner von Alpl wieder bessere Zeiten kommen."

Neben vielen bekannten Intellektuellen, Geschäftsleuten und Industriellen stellten sich auch zahlreiche Kleinspender ein. Sogar Taglöhner waren bereit zu spenden. Darüber Peter Rosegger: „Rührend, doch ich bitte die armen Leute, andere nicht so zu beschämen, sondern ihre blutigen Kreuzer für sich selber zu behalten."[19]

Besondere Breitenwirkung erreichte die „Zwei-Millionensammlung" für den Deutschen Schulverein im Jahre 1909, der sich für den Unterricht in deutscher Sprache in den gemischtsprachigen Grenzregionen einsetzte. Eigenhändig hatte Peter Rosegger 20.000 Bittbriefe unterfertigt, welche dann vom Deutschen Schulverein verschickt wurden. Mit dieser Spendenaktion wurden über 3 Millionen Kronen eingespielt.

An Roseggers Engagement im Sinne der Deutschnationalen fanden nicht alle Gefallen. Als im Sommer 1913 bekannt wurde, daß er für den Literatur-Nobelpreis vorgeschlagen sei, kam es seitens tschechischer Journalisten zu einer heftigen Pressekampagne gegen ihn. Dies dürfte dazu beigetragen haben, daß er – obwohl er dafür als ein durchaus aussichtsreicher Kandidat erschien – letztlich nicht mit dem Literatur-Nobelpreis bedacht wurde und die Auszeichnung an den indischen Schriftsteller Rabindranath Tagore ging.

„Links die Tür zum vierfensterigen, sonnseitig gelegenen Schulzimmer, mit allem Zubehör versehen, für vierzig Kinder eingerichtet. Daneben ein Raum für Lehrmittel und die Volksbibliothek, der fast reichlicher als manche Stadtschule ausgestattet ist. Rechts vom Vorhause die Lehrerwohnung mit Küche, Vorratskammer und drei Zimmern, wovon sich eines im Dachraume befindet. Alles durch die Güte eines Berliner Hauses gediegen und geschmackvoll eingerichtet. Ein zweites großes und lichtes Zimmer im Dachraume ist für den müden Wanderer bestimmt.
Das Haus, obschon an 1000 Meter hoch gelegen, ist geschützt vor Wind und Sturm und hat trotz der nahen Berge viel Sonne."

Peter Rosegger, *Mein Weltleben*

Erste Seite eines unveröffentlichten Manuskriptes „Kaufe ich mir einen Frack?".

Peter Rosegger als Kritiker der sozialen Verhältnisse

Immer wieder äußerte sich Peter Rosegger sehr kantig zu den zeitgenössischen sozialen und gesellschaftlichen Zuständen. Dabei scheute er sich nicht vor Polarisierungen. Zwar brachte ihm seine Kritik an den Zuständen begeisterte Zustimmung bei großen Teilen seiner Leserschaft, es gab aber auch viele, die mit eisiger Ablehnung reagierten. Immer wieder wurde Rosegger ermahnt, er möge doch bei seinen harmlosen Dorfgeschichten bleiben und sich nicht mit der großen Politik beschäftigen. So hatte er bereits zu seinen Lebzeiten damit umzugehen, daß viele ihn als freundlichen und idyllischen Landpoeten einstuften und sich

Peter Rosegger in seinem Arbeitszimmer in der Burggasse 16 in Graz.

keineswegs damit anfreunden wollten, daß der Dichter auch noch andere Seiten hatte.

Das Sprachrohr für seine oft beißenden Sozialreportagen war seine Monatspostille *Heimgarten*. Die Berichte waren für die städtische Leserschaft von beträchtlichem Unterhaltungswert, wenn sie in ihrem wohligen Heim aufwühlende Schilderungen über die soziale Not bei den Randschichten der Gesellschaft lesen und dabei erfahren konnten, daß es gar nicht so weit von ihrer Haustüre weg das Fremde im eigenen Land gab. Es entspricht dem volkskundlichen Begriff der „Binnenexotik", wenn Rosegger zu berichten wußte, daß sich in den finsteren Wäldern der Obersteiermark sehr seltsame Menschen befinden, welche als „Ameisler, Wurzengraber, Branntweiner, Pechbohrer" etc. ihrer damals schon sehr selten gewordenen Arbeit nachgingen.

Ansichtskarte des Bundes der Deutschen in Böhmen zu Peter Roseggers Erzählung *Die Dorfschöne*, Entwurf von Ernst Kutzer.

Kritisch nahm Peter Rosegger auch zum zeitgenössischen Bildungswesen Stellung. Den allgemeinen Drang zur höheren Bildung sah er skeptisch. Es mißfiel ihm, das gleichsam alle zum Studium drängten, wodurch das gesellschaftliche Gefüge in Unordnung gerate müsse. Aufgabe des Bildungswesens sei es viel mehr, den angehenden Bauern die zur guten Führung eines Bauernhofes nötige Bildung zu vermitteln. Das Gelernte sollte nicht Antrieb dazu sein, das Land zu verlassen.

Für Behinderte und Geistesschwache gab es damals in der Steiermark keine fördernden Bildungseinrichtungen, Peter Rosegger in sehr harten Worten geißelte: „Steiermark genoß seit jeher den Ruhm, das Land der Trottel zu sein, wenngleich auf 500 Köpfe und 100 Kröpfe nur ein Kretin kommt... Hauptursache aber ist ganz gewiß die oft über alle Beschreibung gewissenlose Vernachlässigung der Pflege und Erziehung

Illustrative Stahlstiche von unbekannter Hand, entnommen dem 1911 bei Ludwig Staackmann erschienenen Auswahlband *Waldferien. Ländliche Geschichten für die Jugend gewählt aus den Schriften von Peter Rosegger*. LINKS: *Vom Urgroßvater, der auf der Tanne saß*. RECHTS: *Wie ich dem lieben Herrgott mein Sonntagsjöppl schenkte*. GEGENÜBERLIEGENDE SEITE: *Wie der Meisensepp gestorben ist.*

der Kinder... Halbblöde, unbeholfene Kinder, oder solche, die mit körperlichen Gebrechen behaftet sind, werden schon in ihrer frühen Jugend meist von den Kreisen der Vernünftigen fern gehalten, sich selbst überlassen oder in die Gesellschaft des lieben Viehes gegeben. Was soll aus einem solchen Halbtrottel werden? Ein ganzer."[20]

Wiederholt beschrieb Peter Rosegger die schwierige Situation der Bauernschaft und es löste viele öffentliche Diskussionen aus, als er 1889 in seinem großen Bergbauernroman *Jakob der Letzte* die Probleme der

Bauern darstellte. In zahlreichen Erzählungen und Berichten geißelte er den Steuerdruck, unter dem die Bauern zu leiden hatten, ferner die Härte der geltenden Heiratsverbote für Mittellose. Dennoch riet er der Landbevölkerung, nicht der Versuchung der Landflucht zu unterliegen, um ihr Elend gegen das Proletarierelend in den Städten zu tauschen.

Mit Nachdruck widmete er sich den städtischen Sozialproblemen der Arbeiterschaft. So ließ er beispielsweise einen Fabriksarbeiter in einem Brief an seinen Bruder, der am Land verblieben war, die Not des Proletariates in der Stadt schildern: „Alle wohltätigen Anstalten und Spenden geben gar nichts aus bei den Arbeiterkreisen in den Fabriken, in einer großen Stadt. Du kannst es nicht glauben, was das oft für ein Elend ist. Bei uns daheim, meint man, gibt's auch arme Leute, Bettler, Einleger, Ausnehmer u. s. w.; ich sage Dir, das sind noch wohlgestellte Menschen entgegen den Armen, Hungernden, Siechenden in der Stadt ... ringsum die reichen Leute, die sich nicht darum kümmern."[21]

Peter Rosegger schilderte die Not der Arbeiter in der Grazer Vorstadt, wo eine geistliche Schwester ein Kinderasyl betreute: „Die Not der Fabrikarbeiterwelt! Es gibt keinen Stand, dessen Elend mit

dieser zu vergleichen wäre! Schmaler Tageserwerb des Mannes. Jeder sein Weib, ehelich oder unehelich, Gottes Sonne scheint auf beides und – Kinder! Kinder! Kinder! Dann Entbehrung, Hunger, Krankheit, Verkommenheit! Zusammengepfercht in engen, dumpfen Kammern, auf faulem Stroh brüten Verzweiflung und Laster. Alles Zartere, Reinere, Idealere tritt zurück vor dem grausen Fiebern der Not."[22]

Rosegger im Jahr 1910. Fotografie von Franz Josef Böhm.

Weiters schilderte er eindringlich die herrschende Wohnungsnot. Er stellte auch die Situation der Landstreicher und Einleger dar und berichtete über seine Besuche in verschiedenen Sozialeinrichtungen wie Asylen, Wärmestuben, Kinderhorten, Irrenanstalten und Gefängnissen etc. Damit deckten sich Roseggers Reportagen durchaus mit dem Anliegen einiger damals erscheinender wissenschaftlicher Arbeiten, welche sich in pionierhafter Weise mit den aktuellen Sozialproblemen in der Steiermark befaßten.

Was damals der erste steirische Landesstatistiker, Dr. Ernst Mischler, in seiner Untersuchung *Das Armenwesen in Steiermark* mit nüchternen Zahlen ausdrückte[23], wurde in Roseggers Sozialreportagen dem Publikum auch emotional näher gebracht, weil er über ganz konkrete Einzelschicksale berichtete. Reiche Emporkömmlinge werden bei Rosegger dagegen oft negativ dargestellt: „Ach, die reichen Leute! Denen hilft kein Pelz, bei denen sitzt die Kälte inwendig."[24]

LINKS: Peter Rosegger. Gemälde von Professor Ferdinand Pamberger, Graz 1910.

Die Kirche zu Maria Zell, in *Peter Roseggers Illustrierten Blättern*, 1864.

Peter Rosegger, der Glaube und die Amtskirche

Von seinem Elternhaus, wo man sich sonntags und an Feiertagen regelmäßig auf den beschwerlichen Weg zur weit entfernten Kirche machte, hatte Peter Rosegger eine starke religiöse Prägung mitbekommen. Als altem Mann war ihm der naive Kinderglaube abhanden gekommen, was er mitunter bedauerte.

In seiner Jugend sollte Peter Rosegger für das Priesteramt ausgebildet werden. Auch in reifen Jahren setzte sich der arrivierte Schriftsteller immer wieder mit religiösen Fragen auseinander. So verfaßte er unter anderem die Werke *Mein Himmelreich. Bekenntnisse, Geständnisse und Erfahrungen aus dem religiösen Leben* und *I. N. R. I. Frohe Botschaft eines armen Sünders.*

Als erfolgreicher Schriftsteller wurde er wiederholt darum gebeten, sich für verschiedene kirchliche Anliegen einzusetzen oder Spendensammlungen zu unterstützen. So rief er zu einer Spendenaktion für die Renovierung der baufälligen gotischen Kirche in Winklern in Oberkärnten auf (1894), wie für den Bau einer katholischen Kirche in Zeltweg, wo damals gerade eine evangelische Kirche gebaut wurde (1903). Er war auch ein beherzter Vertreter der ökumenischen Bewegung und war damit seiner Zeit weit voraus.

Peter Roseggers Initiative sollte den evangelischen Christen zu Gute kommen, welche im Rahmen der

Industrialisierung in das überwiegend katholische Mürztal zugewandert waren. Zur Betreuung der rund 500 Protestanten stand bereits ein evangelischer Pastor aus Württemberg zur Verfügung, aber es gab noch keine protestantische Kirche. Anfang 1900 veröffentlichte Peter Rosegger im *Heimgarten* und in 72 deutschen und Schweizer Zeitungen einen Aufruf, den Bau einer evangelischen Kirche zu ermöglichen, welche in Mürzzuschlag errichtet werden sollte. Dieser Spendenaufruf war ein voller Erfolg. Schon

Die Auferstehung der Todten, dargestellt von Peter Rosegger in einem *Kalender für Zeit und Ewigkeit*, 1862.

LINKS: Blick auf die evangelische Heilandskirche in Mürzzuschlag, im Bildvordergrund die sogenannte Roseggerruhe.

RECHTS: Bildnis der Heiligen Familie von Roseggers Freund Franz Defregger für die protestantische Heilandskirche in Mürzzuschlag. Rosegger wünschte ausdrücklich, daß es in der von ihm durch Spendenaufrufe finanzierten Heilandskirche ein Marienbildnis geben sollte.

wenige Monate später fand die Grundsteinlegung statt und in einer ungeheuer schnellen Bauzeit gelang es bereits im November 1900 die Heilandskirche einzuweihen. Es war der Wunsch Peter Roseggers, daß es in der Kirche ein Marienbildnis geben sollte, das von seinem Freund, dem Tiroler Maler Franz Defregger stammte. Rosegger sah darin ein sichtbares Symbol für die Versöhnung zwischen den Konfessionen.

In dieser protestantischen Mürzzuschlager Kirche traten später vier erwachsene Kinder Roseggers zum Protestantismus über. Hier fand 1902 die Taufe seines ersten Enkelkindes und 1903 die Hochzeit seiner Tochter Margarete statt. Seitens des katholischen

Klerus' wurde die Initiative für die Errichtung einer evangelischen Kirche keineswegs begrüßt.

Als im Jahr 1904 die katholische Kirche von St. Kathrein am Hauenstein, der Rosegger seit seiner frühen Kindheit sehr zugetan war, durch einen Brand weitgehend zerstört wurde, brachte der bereits sehr prominente Rosegger durch eine von ihm initiierte Spendenaktion die Mittel für den Wiederaufbau auf. Dies wurde ihm damals von der katholischen Amtskirche kaum gedankt, zu groß war offenbar die Entfremdung, die sich seit seiner Spendenaktion für die protestantische Heilandskirche in Mürzzuschlag eingestellt hatte. Mit der Zeit wurde er mit Bitten bezüglich weiterer Spendenaufrufe so bestürmt, daß er

FOLGENDE DOPPELSEITE: Peter Roseggers Waldheimat: Blick auf die Ortschaft St. Kathrein am Hauenstein. Fotografie von Jakob Hiller.

Ansicht der Heilandskirche in Mürzzuschlag. Fotografie von Jakob Hiller.

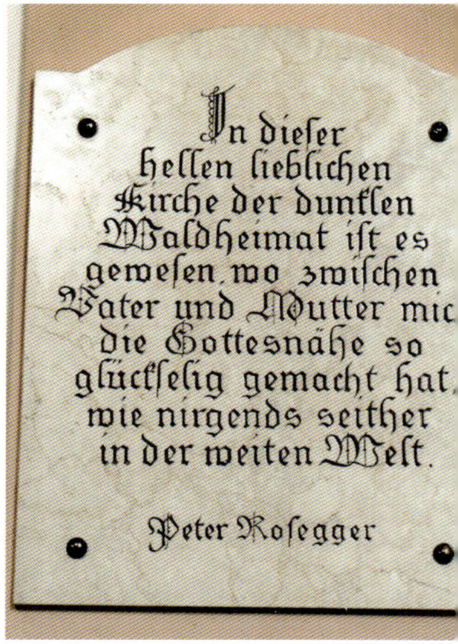

LINKS: Blick auf den weihnachtlich geschmückten Hochaltar von St. Kathrein am Hauenstein, wo Rosegger die Christmette besuchte.

RECHTS: Eine Marmortafel im Kirchenschiff erinnert an Peter Roseggers Verbundenheit mit der Pfarrkirche von St. Kathrein.

auf Ansuchen um Unterstützungen dann im *Heimgarten* meist abwehrend reagierte.

Peter Rosegger war immer wieder Zielscheibe harter Kritik aus katholischen Kreisen. Als 1903 sein Roman *Weltgift* erschien, wurde dieser von konservativen Kreisen sehr ablehnend aufgenommen, weil sie seine Schilderungen als zu lasziv empfanden. Im katholischen Schulvereinskalender des Jahres 1903 war über den Dichter zu lesen: „Rosegger schreibt seine Bauerngeschichten für die ‚Gebildeten', er stellt der abgespannten stets nach Neuem lüsternen Lebewelt seine Bauerngestalten gewissermaßen zur Schau und richtet sie so her, wie es dem großen Lesepublikum gefällt. Darum findet sich in seinen Geschichten so manches, was ein reines Gemüt abstößt und ein gläubiges Herz im Innersten verwundet. Aber gerade diese pikante Sauce behagt dem lüsternen Gaumen der meisten Leser."[25]

„Der Glaube ist das innere Augenlicht."

Peter Rosegger, *Mein Himmelreich*

„Mit der Wassertaufe löscht man die Erbsünde nicht aus, erst die Taufe mit Zähren tut's."

Peter Rosegger, *Dorfsünde*

„Das Himmelreich will nicht bloß ersehnt, es will auch erworben sein."

Peter Rosegger, *Mein Himmelreich*

Das 19. Jahrhundert brachte mit der Revolution von 1848 auch in Österreich einen Siegeszug des Liberalismus', zu dem sich Rosegger durchaus ambivalent äußerte: „Der philosophische Liberalismus ist der Inbegriff der Weisheit, der wirtschaftliche macht den Wohlhabenden zum Reichen, den Armen zum Bettler..."[26] Oder: „Der Liberalismus wird in der Hand der Gewissenlosen den Menschen zum Fluche, in der Hand der Rechtschaffenen zum Segen."[27] Nach der in Wien 1873 ausgebrochenen Weltwirtschaftskrise nahm die Kritik am weitgehend ungezügelten Kapitalismus zu und es kam zu Bestrebungen, die traurige Situation der Arbeiterschaft durch vermehrtes Eingreifen des Staates zu verbessern. Der sich vor diesem Hintergrund formierenden Arbeiterbewegung brachte Rosegger einige Sympathie entgegen und er schrieb im *Heimgarten* über die erstmals im Jahr 1890 in Graz stattfindende 1. Mai-Feier, die er mit einem Freund, dem deutschen Schriftsteller Richard Voß, in Mariagrün besucht hatte: „Ich gestehe, daß eine gewisse Bangigkeit in mir war... Je näher wir dem Festplatze kamen, desto frischer ward mir ums Herz... Kein Lärm, kein Betrunkener, kein Springen, kein übermütiges Gehabe... Keine Spur von rohen, ungezügelten Elementen, wohl aber glaubte ich auf manchem bärtigen Arbeitergesichte das Bewußtsein der Würde seines Standes zu lesen... Stellenweise sah es

Der Umschlag des *Süd-Deutschen Postillons* verweist auf die Feiern zum 1. Mai von 1894 (und auf die damals maßgebliche Forderung nach einem achtstündigen Arbeitstag).

Rosegger-Ansichtskarte, die seinerzeit im Krieglacher Roseggermuseum verkauft wurde.

wahrlich aus wie bei einem Familienfeste, wie überhaupt im neuen Arbeiterprogramme – ein erfreuliches Zeichen! – die Familie stark betont wird... Sie drückten in einer herzenswarmen Ansprache ihre Freude aus, daß wir ‚ihre Dichter', zu ihnen gekommen seien und wollten uns kaum wieder davon lassen... Der Arbeiter strebt – der eine mit größerem, der andere mit geringerem Rechte – eine Verbesserung seiner Lage an, und er strebt sie an auf gesetzlichem Wege. Er wird gewiß etwas erreichen."[28] Rosegger merkte an, daß die Veranstaltungen zum 1. Mai sehr diszipliniert und ruhig abgelaufen sind: „Nach den Versammlungen in mehreren Hallen der Stadt begaben die Arbeiter, wohl 10.000 an der Zahl, sich in bester Ordnung auf den Festplatz, der im Walde beim Gasthause ‚zum Kaltenbrunn' vorbereitet war."

Von den Führern der sozialdemokratischen Bewegung wurden Roseggers Kommentare mit großem Interesse gelesen. Insgesamt begegnete die österreichische Sozialdemokratie dem Dichter mit größter Sympathie und man bedauerte es, daß Peter Rosegger nicht in das Herrenhaus berufen wurde, weil ihm „irgend ein gräfliches Armitschkerl, das nur von seinen Titeln und Mitteln lebt" vorgezogen worden sei.[29] Peter Rosegger kam auch oft in „Arbeiterkalendern" zu Wort und wurde mehrmals eingeladen, vor Arbeiterbildungsvereinen zu lesen. Doch nicht immer war sein Verhältnis zur Sozialdemokratie gänzlich ungetrübt, mitunter entwickelten sich auch heftige Pressedispute und geharnischte Polemiken gegen den Dichter.[30] Schließlich mußten auch die Sozialdemokraten einsehen, daß Peter Rosegger um Äquidistanz zu allen politischen Parteien bestrebt war und sich von keiner Gruppierung vereinnahmen lassen wollte. Zu Roseggers Tod gab es in den Blättern der Sozialdemokratie sehr umfangreiche und überaus ehrende Nachrufe.

„Wer sich nicht mit seinen zwei Händen das Brot aus dem Boden gräbt, für den müssen es zwei andere tun."
Peter Rosegger, *Höhenfeuer*

Als Volksschriftsteller erfreute sich Peter Rosegger auch deshalb so großer Beliebtheit, weil er es verstand, seine Werke vielfach mit Humor zu garnieren. Es gibt unzählige lustige Sprüche und Gedichte aus seiner Feder, die immer wieder gerne zitiert wurden. Weit weniger bekannt ist es heute, daß sein Humor mitunter satirische Züge annehmen konnte.

Es gab vieles, was seinen heftigen Zorn oder Unmut heraufbeschwören konnte und er nahm sich in seinen grimmigen Kommentaren kein Blatt vor den Mund. Zu starke Schminke bei Frauen gehörte genauso zu den gesellschaftlichen Unarten, die er verurteilte, wie allzu große Damenhüte, die bei Theateraufführungen die Sicht auf die Bühne beeinträchtigten. Sogar gegenüber seinen Abonnenten des *Heimgartens* konnte er grob und unhöflich werden, und grimmig beschwor er immer wieder die „Heilige Grobheit, Schutzgeist der Redakteure".[31]

So gab es in dieser Zeitschrift eine ständige Rubrik, wo er Leserzuschriften und sonstige Reaktionen präsentierte und mitunter sehr bissige Antworten gab. Rosegger wurden ja unzählige Gedichte und literarische Kostproben

Rosegger-Grußkarte: „Wollt ihr für die Damenspenden mir nicht einmal – Damen senden?"

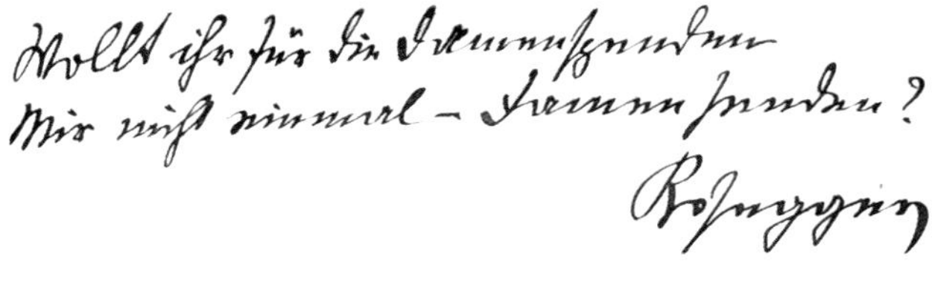
Wollt ihr für die Damenspenden
Mir nicht einmal – Damen senden?
Rosegger

„Leute, die einen Namen haben, müssen gefaßt sein auf Zuschriften, die keinen haben.“

Peter Rosegger, *Das Sünderglöckl*

zugesandt, welche er in seiner Zeitschrift publizieren oder besprechen sollte. Auf diese Einreichungen reagierte er oft sehr verletzend, wie beispielsweise: „Wer Ihnen sagt, daß Sie Dichterin sind, den verklagen Sie bei Gericht.“[32] Einem Einsender von Gedichten richtete er aus: „Sie sind jahrelanger Abonnent des ‚Heimgartens‘ und können uns die Rücksichtslosigkeit zumuthen, Sie durch Publication Ihres uns eingesandten Gedichtes öffentlich zu beschimpfen? Lassen Sie fahren ‚das frohe Hoffen und das bange Zweifeln‘, Sie sind kein Dichter und werden keiner...“ Ferner schrieb er an einen Müllerburschen: „Bleiben Sie bei Ihrer Mühle, sie ist poetischer als Ihre Verse“.[33]

Ähnlich sarkastisch auch diese Antwort: „Wir sollen Ihnen für Ihre Sammlung von Dialektdichtungen, Volkserzählungen, Dramen und Epigrammen einen kurzen, drastischen, originellen, treffenden und dem Landvolke sympathischen Titel erfinden? Nennen Sie die Sammlung: ‚Schmarren‘.“[34] Ein anderes Werturteil lautete: „Sie frieren in Ihrer Stube und schreiben Novellen, um sich Brennmaterialien kaufen zu können? Für den ‚Heimgarten‘ bitten wir erst zu schreiben, wenn Ihnen warm sein wird; Unverfrorenheit ist die erste Bedingung eines Schriftstellers.“[35]

R. Stilz: Peter Rosegger.

Peter Rosegger und die österreichische Friedensbewegung

Die österreichisch-ungarische Monarchie hatte in der zweiten Hälfte des 19. Jahrhunderts mit vielen Problemen und inneren Spannungen zu kämpfen, denn die verschiedenen Völkerschaften zu regieren, wurde angesichts zunehmender nationaler Fliehkräfte immer schwieriger. Ein äußeres Zeichen dafür waren beispielsweise die zahlreichen Krawalle, welche in vielen Städten der Monarchie durch die Sprachverordnung des Ministerpräsidenten Kasimir Felix Graf von Badeni im Jahr 1897 ausgelöst wurden.

„Kein Aprilwetter schlägt so rasch um, als die Stimmung der Menge."

Peter Rosegger, *Die Försterbuben*

Bis zum Ende der Monarchie war es nicht gelungen, den slawischen Völkern eine dem Ausgleich mit den Ungarn vergleichbare politische Lösung anzubieten. Dazu kam, daß es innerhalb der Monarchie große regionale Unterschiede in der wirtschaftlichen Entwicklung gab, was die politischen Gegensätze weiter verschärfte. Peter Rosegger sympathisierte mit der damals starken deutschnationalen Bewegung, er trat aber auch für das Selbstbestimmungsrecht der Nationen innerhalb der österreichisch-ungarischen Monarchie ein.

Auch im übrigen Europa gab es Unsicherheiten und Spannungen. Die immer deutlicher werdende Schwäche des Osmanischen Reiches hatte am Balkan die Unabhängigkeitsbestrebungen verstärkt. In dieser Phase suchten sowohl das zaristische Rußland als auch Österreich ihren jeweiligen politischen Einfluß in dieser Region zu stärken. In Europa mehrten sich die Anzeichen bevorstehender kriegerischer Auseinandersetzungen. Dagegen traten in vielen Staaten Friedensbewegungen auf, welche für ein friedliches Miteinander ohne Waffengewalt eintraten. In Österreich war Bertha von Suttner die führende Stimme der Friedensbewegten. Mit ihr stand Peter Rosegger in gutem Kontakt und im *Heimgarten* berichtete er über von Suttners Aktivitäten und publizierte ihre Beiträge.

*„Oaner is a Mensch,
mehra sein's Leut,
viel sein's scho Viecher."*

Peter Rosegger, *Das Sünderglöckl*

„Wir alle haben jetzt nur eine große Sehnsucht: den lieben, menschwürdigen Frieden!"

Rosegger an Max Mell, 1. Juli 1917

„Der Frieden kommt nur im Beten."

Peter Rosegger, *Das ewige Licht*

Als Rosegger 1878 die militärische Besetzung Bosniens durch österreichische Truppen anprangerte, setzte er sich herber Kritik aus. Immer wieder wandte er sich gegen diesen Feldzug und so schrieb er: „Wenn mir Einer sagen könnte, wozu dieser Krieg gut ist" und er wurde sehr anklagend: „Ihr hohen Herren, die ihr die Kriege macht, flüchtet euch in den lautesten Lärm dieser Welt, denn in einer stillen, einsamen Stunde könnte der nimmer verhallende Schrei der Witwe euer menschlich Herz erschrecken."[36] Mit diesem Text erregte Peter Rosegger die Aufmerksamkeit der Zensurbehörde, so daß er sogar vom Staatsanwalt vorgeladen und verwarnt wurde.

Das im Jahr 1889 erschienene Buch *Die Waffen nieder!* von Bertha Suttner rezensierte Peter Rosegger überaus wohlwollend: „Von Blaustrümpfen ist der deutschen Literatur oft schon großes Unheil gekommen. Hier aber hat eine deutsche Frau ein Buch geschrieben, welches männlicher und kerniger nicht sein könnte. Es wird von Tausenden brutal angefochten werden, aber von Millionen bejubelt und gesegnet. Freien Weg für dieses Werk durch alle Lande, und es kann eine Mission erfüllen."[37] Rosegger stellte sich auch für einen Vortrag für die „Versammlung der Friedensfreunde" am 26. Mai 1892 in Wien zur Verfügung[38], verfaßte wiederholt pazifistische Gedichte und nahm – von Zeitungen entsandt – am Friedenskongreß 1892 in Bern teil.[39] Er trat auch für die Schaffung einer übernationalen Friedensinstanz in Form eines Völkerbundes ein, wie er dann tatsächlich 1920 nach dem Ersten Weltkrieg begründet wurde.

Ein Vierteljahrhundert vor dem Ausbruch des Ersten Weltkrieges schrieb Peter Rosegger: „Ich halte die Liebe zum eigenen Volke für eine große Tugend, allein der Nationalismus in seiner heutigen, fast tierischen Gestalt führt zu nichts Gutem. Er führt zu dem furchtbarsten Kriege, den die Welt je gesehen.

Und nach diesem Kriege? Werden nach diesem Nationalkriege die Völker gerettet sein? Wird auch nur eines gerettet sein, z. B. unsere deutsche Nation? Was wird dann sein nach dem ungeheuren Blutbade, nach der Verwüstung und Vernichtung von allem, was dieses Leben noch leidlich gemacht?... Wird die Nation dann gerettet sein? Ein Meer von Tränen, eine Hölle von Trostlosigkeit, eine grenzenlose Entmutigung und Ohnmacht, eine Gleichgültigkeit gegen alles, besonders gegen das Vaterland, gegen das eigene Volk, weil es ein erbärmliches Volk von Bettlern ist, das wird sein. Und im Herzen der wahnsinnige Hass gegen die siegreichen Nachbarn!"[40]

Die Friedensaktivistin Bertha von Suttner.

Peter Rosegger war kein bedingungsloser Pazifist, der für vollkommene Gewaltlosigkeit eintrat. Er sah auch Situationen, wo ihm militärische Gewalt unvermeidbar erschien. So hatte er in Erzählungen und Romanen oft den Tiroler Freiheitskampf als ein großes patriotisches Ereignis gepriesen und besonders Andreas Hofer als Helden besungen. Völlige Entmilitarisierung konnte in ihm keinen Fürsprecher finden: „Jeder Hausvater braucht einen Ochsenziemer, jedes Dorf eine Ortspolizei, jeder Staat eine Militärmacht, um Ruhe und Ordnung aufrecht zu erhalten. Ohne solche Macht könnte er nicht eines seiner tausend

Gesetze durchführen in seinem eigenen Lande, und jeden Tag gäb es Revolution."[41]

Mit dem Tod Bertha von Suttners kurz vor Kriegsausbruch war die wichtigste Stimme der österreichischen Friedensbewegung verstummt. Das Attentat von Sarajewo verursachte einen Stimmungsumschwung. Der Strom der allgemeinen Kriegsbegeisterung in Österreich erfaßte auch Peter Rosegger; denn die Empörung über die Ermordung des Thronfolgerpaares war so groß, daß man der Meinung war, daß es Krieg gegen Serbien geben muß. Dabei unterlag man der Fehleinschätzung, daß es nur um eine begrenzte Strafaktion gegen Serbien ginge, die in einigen Monaten beendet sein würde. Niemand glaubte, daß die Kriegserklärung an Serbien zu einem jahrelangen Weltkrieg führen würde.

Peter Rosegger rechtfertigte seinen eigenen Meinungswandel: „Soweit ist es gekommen, daß die Volksmenge, daß wir alle den Krieg als Erlösung empfinden. Nie anders mein Lebtag habe ich fühlen, denken, reden können als Frieden! Alles für den Frieden, für den lieben beständigen Frieden; und nun muß ich zur höchsten Verblüffung erfahren, daß es unter Umständen gar nichts Notwendigeres gibt als den Krieg."[42]

LINKS: Titelblatt des *Steirischen Waffensegens*, Graz 1916.

RECHTS: Österreichische Soldaten, Isonzofront 1917.

Steirischer

Waffensegen

Peter Rosegger

Ottokar Kernstock

Buchschmuck

von Marie Freiin Baselli von Süßenberg

1916

Verlag „Leykam", Graz.

Er rief auch dazu auf, Kriegsanleihen zu zeichnen. Gemeinsam mit dem Dichter und Augustiner-Chorherrn Ottokar Kernstock gab er 1916 im Leykam-Verlag den *Steirischen Waffensegen* heraus, wobei Peter Roseggers Beiträge im Gegensatz zu Ottokar Kernstock weniger martialisch waren und auch seine Sehnsucht nach Frieden offenbarten.

Ein Jahr vor seinem Tod sollte der kriegsmüde Schriftsteller voller Resignation klagen: „Man kann nicht mehr schreiben, nicht sprechen über den Krieg. Man kennt ihn nicht, begreift ihn nicht; wie er uns gezeigt wird, so ist er nicht; wie er enden, welche Folgen er haben wird, das weiß niemand. Über den Krieg politisieren ist ein kindischer Übermut. Das Richtigste, was man sagen kann: daß dieser Krieg ein Unding ist, auch wenn wir siegen. Was draußen vorgeht, es ist peinvoll daran zu denken. Das menschlich Wichtigste ist, wie das Volk im Lande diesen Krieg sieht und empfindet. Wie es darunter lebt, was es leidet, wie einzelne wahrhaft Großes leisten, die Mehrzahl aber verlumpt und verludert. – Ich habe in diesen verlorenen Jahren davon einiges aufgeschrieben, soweit es nicht verboten ist, darüber zu sprechen."[43]

Peter Rosegger, am Schreibtisch lehnend.

Ehrungen

Links: Das Kapfenberger Roseggerdenkmal, „dem Waldpoeten“ gewidmet. Rechts oben: Das Roseggerdenkmal am Grazer Opernring. Rechts unten: Die Roseggerbüste im Grazer Burghof. Alle Fotografien von Jakob Hiller.

Im Laufe der Zeit steigerten sich der Bekanntheitsgrad und das Ansehen des Dichters kontinuierlich. Zu seinem 50. Geburtstag, den er glücklich von einer schweren Lungenentzündung genesen feiern konnte, gab es bereits eine Reihe von öffentlichen Huldigungen. Er

wurde allmählich zum hochangesehenen und gefeierten Schriftsteller und Dichter. Im Jahr 1898 wurde ihm aus Anlaß des 50. Regierungsjubiläums Kaiser Franz Josephs I. sogar der Orden der Eisernen Krone verliehen.

Zu seinem sechzigsten Geburtstag im Jahr 1903 erhielt der Dichter neben einer Vielzahl von Gratulationen, Festgaben und Ehrengeschenken auch die erste Ehrendoktorwürde. Am 8. August 1903 verlieh ihm die Universität Heidelberg das Ehrendoktorat. Im lateinisch abgefaßten Doktordiplom wurde die Verleihung folgendermaßen begründet: „Peter Rosegger, dem überaus fruchtbaren Dichter, der das Volksleben seiner Heimat in unvergleichlicher Kraft und mit unvergleichlichem Können schilderte, dem geistvollen, die Wahrheit im Verein mit der Schönheit erstrebenden Mann, der immer auf dem Posten war, wenn es galt, deutsche Sprache, Sitte und Erziehung auf der Grenzwacht tapfer zu verteidigen, dem von uns gleichwie von allen Deutschen hochverehrten Mann von sechzig Jahren, welchen wir, für soviel entzückende Werke dankbar, beglückwünschen und von

Statue der Waldlilie aus dem Roman *Die Schriften des Waldschulmeisters* im Grazer Stadtpark, geschaffen von dem eng mit Rosegger befreundeten Bildhauer Hans Brandstetter. Fotografie von Jakob Hiller.

Das Peter Roseggerdenkmal in Krieglach: „Als ich noch der Waldbauernbub war...“.

welchem wir hoffen, daß er noch neue und nicht minder ausgezeichnete Werke schaffen werde, verleihen wir die Würde eines Ehrendoktors der Philosophie.“

Das war schon etwas ganz Besonderes: Ein Schriftsteller, der als Autodidakt den Durchbruch schaffte und der nicht die regulären Bildungsinstitutionen absolviert hatte, wurde als würdig erachtet, von einer der angesehensten Universitäten des deutschsprachigen Raumes zum Ehrendoktor ernannt zu werden. In seiner Dankadresse an die Universität von Heidelberg ist zu lesen: „Eine harte Schule habe ich zwar durchgemacht, eine strenge Prüfung vielleicht zur Not bestanden – die des Lebens. Die Wahrheit habe ich immer gesucht, dem Guten und Schönen nach meinen geringen Kräften zugetrachtet, das, was ich für wahr und recht hielt, freimütig ausgesprochen, begangene und erkannte Irrtümer möglichst berichtigt. Ist daraufhin mir die hohe akademische Würde verliehen worden, so darf ich sie annehmen. Sie soll mich stolz, aber nicht hoffärtig machen...“

In der Folge erhielt er auch noch weitere hohe akademische Ehrungen: Im Jahr 1913 wurde er Ehrendoktor der Wiener Universität und im Jahr 1917 jener der Universität Graz. Unzählige Städte und Gemeinden im gesamten deutschen Sprachraum machten Peter Rosegger zu ihrem Ehrenbürger.

Büste des jungen Rosegger.

Zahlreiche Ehrenmitgliedschaften von verschiedenen Vereinen wurden ihm angeboten, etwa vom Obersteirischen Leseverein (1871), dem Wiener Grillparzerverein (1882), dem Steiermärkischen Fremdenverkehrsverein (1881), von der seit dem Jahr 1644 bestehenden traditionsreichen Sprach- und Literaturgesellschaft „Pegnesischer Blumenorden“ in Nürnberg (1894), dem Wiener Schubertbund (1903), von der Schillerstiftung in Weimar (1909), dem deutschen Journalisten- und Schriftstellerverein von Brünn (1917), der Adalbert-Stifter-Gesellschaft (1918) und vielen anderen.

1913 wurde er mit dem österreichischen Ehrenzeichen für Kunst und Wissenschaft ausgezeichnet. Wenige Monate vor seinem Tod erhielt er am 3. Mai 1918 als besondere Auszeichnung das Großkreuz des Franz-Joseph-Ordens. Diesen Orden hatte vor ihm erst Franz Grillparzer als bislang einziger österreichischer Schriftsteller zuerkannt bekommen.

Wie schon erwähnt war Peter Rosegger im Jahr 1913 ein ernst zu nehmender Kandidat für den Literatur-Nobelpreis. Es war auch eine Besonderheit, daß Peter Rosegger bereits zu seinen Lebzeiten mit zahlreichen Denkmälern geehrt wurde.

So wurde beispielsweise auf Betreiben des Grazer Stadtverschönerungsvereines bereits im Jahr 1885 im Stadtpark die von Bildhauer Hans Brandstetter

„Schreibmüde bin ich. Und ich bin froh, daß der ungestüme Drang zum Dichten und Schreiben, der mich 50 Jahre lang gehetzt hat, endlich ruhig wird.“

Peter Rosegger an Hermann Seippel, 3. Januar 1909.

gestaltete Statue der Waldlilie zu Roseggers Ehren errichtet. In der obersteirischen Stadt Kapfenberg wurde am 21. Juli 1908 zu Roseggers 65. Geburtstag der Waldschulmeisterbrunnen eingeweiht. Auch dieses Denkmal gestaltete der eng mit Rosegger befreundete Brandstetter.

Nach Roseggers Tod wurden in Österreich und im gesamten deutschen Sprachraum zahlreiche Denkmale

Zeitungsberichte anläßlich runder Roseggergeburtstage.

Ein Kampf zwischen rumänischen und serbischen Truppen.

Preis 4 Heller **Die Neue Zeitung** Preis 4 Heller

Illustriertes unabhängiges Tagblatt.

Das Blatt erscheint täglich einmal um 6 Uhr morgens. Montag erfolgt die Ausgabe um 12 Uhr mittags.

Nr. 207 Wien, Mittwoch, den 30. Juli 1913 6. Jahrgang

Zum 70. Geburtstage Peter Roseggers.

(Text hiezu im Innern des Blattes.)

2

Dem Frieden entgegen?

Wien, 29. Juli.

Die erste Sitzung der Friedenskonferenz.

Nach langem Hin und Her sind nun endlich sämtliche Friedensdelegierten in Bukarest versammelt. Als letzter traf der griechische Ministerpräsident Venizelos gestern abends ein. Heute fand zwar eine Sitzung der Konferenz statt, die jedoch nur dem Austausch der Beglaubigungsschreiben diente. Morgen wird die erste Sitzung abgehalten werden, in der die Verhandlungen über den Frieden und einen Waffenstillstand aufgenommen werden.

Die Aussichten der Verhandlungen.

In Bukarester politischen Kreisen wird mit Befriedigung festgestellt, daß alle Vertreter absolute Vollmachten haben, so daß man hofft, ohne allzu große Schwierigkeiten in nicht zu langer Zeit mit den Bukarester Verhandlungen zu Ende zu kommen.

Man erwartet jedoch, daß der Präliminarfrieden schon spätestens am Donnerstag unterzeichnet wird, worauf dann die allgemeine Abrüstung, beziehungsweise die Zurückziehung der rumänischen Armee aus Bulgarien, folgen würde.

Mißtrauen der Serben und Griechen gegen die Bulgaren.

Aus der ganzen Haltung der serbischen Delegierten geht hervor, daß die serbische Regierung von tiefem Mißtrauen gegen Bulgarien erfüllt ist und daß sie unter allen Umständen einen Frieden herbeiführen will, der für lange Zeit Bulgarien die Lust und die Möglichkeit für eine Revanche nimmt.

Die Griechen bekunden ein volles Einverständnis mit ihren serbischen Bundesgenossen. Man glaubt hier, daß der Beschluß zur Einstellung der Feindseligkeiten sehr bald erfolgen wird.

Wenn aber nicht innerhalb einer Woche nach Abschluß des Waffenstillstandes eine Einigung über den Präliminarfrieden erzielt sein sollte, so dürften die Feindseligkeiten wieder aufgenommen werden.

Bulgarische Sorgen.

In Erörterung der Aussichten der Bukarester Konferenz zeigt die bulgarische Presse eine reservierte Haltung. Man erklärt übereinstimmend, der Friede werde in Bukarest nur dann geschlossen werden, wenn man in Athen und Belgrad von jenen Phantasieideen lasse, die man bisher als Friedensbedingungen lancierte.

Sofia vor einer Hungersnot.

Da alle nach Sofia führenden Wege durch die fremden Armeen abgeschnitten sind und infolgedessen die um Sofia versammelte Armee sowie die bulgarische Hauptstadt von Hungersnot bedroht sind, hat die bulgarische Regierung in Bukarest angesucht, die Strasse Sofia—Varna für Verpflegszwecke freizugeben. Die rumänische Regierung wird diesen Wunsch Bulgariens wahrscheinlich erfüllen.

Eine Anklageschrift gegen Danew.

In parlamentarischen Kreisen Bulgariens verlautet, die liberale Partei werde in dem Sobranje einen Antrag stellen, gegen das Kabinett Danew eine parlamentarische Untersuchungskommission einzusetzen.

Dr. Danew arbeitet zurzeit, wie verlautet, an einer Denkschrift, die eine Rechtfertigung für seine Haltung erbringen soll.

Der Besitz von Kawalla.

Die Zukunft des kleinen ägäischen Hafens Kawalla, der den Bulgaren als Ausfallstor in der Aegäis zugedacht war und den sie haben räumen müssen, scheint einen kleinen Riß in die französisch-russische Freundschaft verursachen zu wollen.

Wie verlautet, sind zwischen Paris und Petersburg Unstimmigkeiten wegen der Zukunft von Kawalla entstanden. Die russische Regierung erhob in Athen Vorstellungen und verlangte die Rückgabe von Kawalla an Bulgarien. Eine Verstimmung in griechischen Regierungskreisen war die Folge dieses russischen Sonderschrittes. Der französische Gesandte sprach sich Venizelos

Seite 4.

Peter Rosegger.

Zu seinem 70. Geburtstage.

(Mit acht photographischen Aufnahmen auf Seite 4, 6 und 10.)

Aus seiner Waldheimat hervorgewachsen, hat sich Rosegger mit offenen Sinnen und warmherzigem Empfinden zum gottbegnadeten Dichter seines Volkes entwickelt. Nicht nur seine engere Heimat, der er stets ein

Bulgariens Glück und Glücksende: Griechen in dem eroberten Serres, wo sie auch das österr.-ungar. Vizekonsulat geplündert hab…

Welt-Preß-Photo-Comp.

Verkündiger ihrer Kraftnatur und ihrer Gemütsschätze war, sondern Alldeutschland feiert in dem nun Siebzigjährigen einen Poeten, der ihm wie kein Zweiter die Schätze der Volksseele erschlossen hat.

Er gleicht den gesunden, grünenden Waldriesen seiner Heimat. Denn tief dringen die Wurzeln seines Wesens in die heimatliche Scholle und trieben tausend Sendlinge in die Tiefe und nach allen Seiten. Hoch ragte seine Krone gar bald über alle andern hinaus, mit freiem Blick dem Lichte zustrebend, und unter seinem

Zu Roseggers 70. Geburtstag:

1. Rosegger-Schule in Holldorf. — 2. Das Wald… in Matzdorf. — 4. Rosegger-Schule in Prager…

zu seinem Andenken errichtet, noch heute gibt es viele nach ihm benannte Straßen, Steige, Plätze, Parks, Häuser, Schulen, Kindergärten, Stüberln etc.[44] Roseggers Werke wurden schon zu seinen Lebenszeiten in 22 Sprachen übersetzt, darunter ins Englische, Französische, Russische, Persische, Japanische und Indische (Hindi), gegenwärtig liegen Übersetzungen in insgesamt 28 Sprachen vor.

Nr. 29.

wogen der verschiedensten Kulturgeschichten und ihren schroffen Gegensätzen herrschen.

Wiederholt betont Rosegger in seinen Schriften den Gegensatz zwischen dem Kulturleben der großen Städte und ihren blasierten Sitten und flachen Empfindungen, mit eingeschachtelten Begriffen und überkommenen Vorurteilen und dem einfachen Leben der Bergessöhne, an denen zwar auch alle Mängel der menschlichen Natur haften, die aber nicht durch die undurchdringliche Kulturgeschichte mit ihren konventionellen Lügen gegen die große Lehrerin Natur unempfindlich geworden sind.

Geheimrat Prof. Dr. His, der Nachfolger des Professors Noorden an der Wiener Medizinischen Fakultät. (Siehe Seite 6.)

So hat sich der Almpeterl auf der hohen Schule seines Volkstums durchgerungen zur stolzen Höhe des gefeierten Dichters, den alles, was die deutsche Zunge spricht, als seinen Liebling ins Herz geschlossen hat. Als Schneidergehilfe auf der „Stöhr" hat er mit hellen Augen und warmfühlendem Herzen die Schätze der Volksseele gesammelt und in lebenstreuen Bildern

Rosegger als Kulturfaktor:
schulhaus in Krieglach-Alpl. — 3. Rosegger-Schule hof. — 5. Rosegger als Schneiderlehrling.

Seite 676 — Österreichs Illustrierte Zeitung — Heft 40

„Also verlieren willst du mich?" fragte er, und durch die schwermütig-weiche Abendluft klang es so schmerzlich.

„Verlieren?" wiederholte das Mädchen fragend. „Gewinnen will ich dich für mein ganzes Leben. Gefunden habe ich dich in dem Zauberlande der Heldensagen, nun aber sollst du heruntersteigen und um mich freien, wie der Mann um das Weib freien soll, das er liebt und zum Wert und Inhalt seines Lebens machen will. Und glaube mir, für mich wirst du immer Lohengrin sein, der hellstrahlende Gralsritter, ja, seist du was immer, nichts auf Erden kann stark genug sein, deinen goldenen Helm zu bleichen. Du bist du und das kann dir niemand nehmen!"

Er wendete sich wieder vollends zu ihr, sah ihr innig und sanft in die Augen. „Ich danke dir. Ich will dir sagen, wer ich bin, du hast recht!" sagte er aus tiefster Brust, wie ein fester, unwandelbarer Entschluß, eine unläugbare Ueberzeugung klang das.

„Ich werde es dir sagen, morgen, du kannst dich darauf verlassen. Wenn der Tag anbricht mit seinen realen Sorgen und Pflichten, dann sollst du erfahren, wer dein Lohengrin ist, auf dieser Welt. Heute wollen wir die sehnsuchtsbange, heilige Stille unserer Herzen in diesen süßen Stunden nicht mit dem Gifte des Alltags besudeln. Dränge mich zu nichts, geliebte Elsa, die Welt mit ihren Rechten, sie läßt ja niemand aus. Und nun komm' und laß uns noch einmal küssen und träumen und bauen an den kristallenen Luftschlössern, die auf dem glitzernden Regenbogen unserer Ideale schweben; ach, wie ist doch alles so unerfüllbar schön."

Ja, lustig wollte Lohengrin sein, scherzen und lachen, aber eine dunkle Trauer wich nicht von ihm und Elsa drohte ihm mit dem Finger: „Vielleicht bist du gar ein Prinz und es macht dich betrübt, weil du mich nicht zum Weibe nehmen kannst, außer dich vor deinem Stande zu blamieren."

„O wäre ich's!" rief er aus und preßte das junge Mädchen innig an sich. „Was kümmerte mich die Welt, wenn es gilt, dich zu meiner Königin zu machen!"

„So bist du vielleicht ein Straßenkehrer?" lachte Elsa hell auf.

Er aber lächelte melancholisch-traurig und sie zum Abschied auf die Stirne küssend, flüsterte er: „Lohengrin hat dich geküßt und geliebt, du willst ihn nicht mehr, denn du verlangst nach einem Anderen, diesen Anderen will ich dir nicht vorenthalten und somit geht der unbekannte Ritter von Elsa, seiner lichten Braut."

Er ging, sie lauschte in den schwülen Abend hinaus lange seinen Schritten, bis sie ferne verhallten. Einige Sterne funkelten auf sammetweichem Grunde und Elsa blickte hinauf in das ewige All des Weltenfernen, von allem Irdischen so Reine, und es war, als müßte sie Hilfe und Stütze suchen da droben, vor den Dingen der Welt, die so nichtig sind und doch so unendlich viel Macht über uns haben.

Nächsten Morgen brachte der Postbote einen kleinen, verschlossenen Brief an Elsa, darinnen lag eine kleine Visitkarte, auf der stand: „Franz Schmid, Friseurgehilfe." Schon wollte sie mit lautem Lachen zu ihrem Papa hineinstürmen und rufen: „Du, dein Friseur gratuliert im Juni zum neuen Jahre!" Da brach aber ein am unteren linken Ende der Karte zugefügtes Wörtlein alle ihre Lachgelüste, denn was da stand, es hieß: „Lohengrin."

Nun war es vorbei mit dem Traume, vorbei mit der Romantik, vorbei mit aller Liebe. Das eine Wort „Friseurgehilfe," es hatte den Zauberbann gebrochen und die goldglänzende Königskrone des romantischen Liebsten lag zerschmettert auf der Erde.

Und sie vergaß auf das große Wort, das sie ja einstens sprach, als sie sagte: „Du bist du und dies kann dir niemand nehmen!" Denn sie fühlte, wie es in ihr verächtlich zuckte: „Du bist nicht mehr du, denn du bist ein Friseurgehilfe!" Und ihr selbst unbewußt, ging ihr junges Herz in der blutenden Wunde der Enttäuschung unter.

Ach, Toren, die wir sind! Uns über die Ketten des Lebens schwingend, verlachen wir seine Formen und Grenzen, und unsere Ideale, sie machen uns reicher, denn alles Gold der Erde und glücklicher als so manchen König auf seinem Purpurthron. Und doch bedarf es nur eines kleinen Fleckchens schmutzigen Erdenwesens, so sind unsere Ideale in den Staub getreten und die Welt hat den Sieg über uns errungen. —

Wer ist so stark auf Erden, daß er sagt: „Du bist du und wärest du auch irgend ein ganz Gewöhnlicher!" Und hält auch dieses Wort. —? Das Leben, es spottet über alle diejenigen, die sich lustig machen über der Erde nichtigen Unbestand.

Und wer zuletzt lacht, lacht doch am besten.

Schneidermeister Ignaz Ortholer, Lehrmeister Roseggers.

Dr. Peter Rosegger auf einem Spaziergang im Grazer Stadtpark.

Peter Rosegger als Schneider im Jahre 1864.

Rosegger Geburtshaus in Alpl bei Krieglach.

Gedankensplitter.

Die Tugend ist kein Freibrief zur Jagd, um als Scharfrichter gegen die Lasterhaften aufzutreten.

Mancher Mensch ist wie das Eis. Solange er in sich beisammen bleibt, ist er trotz der von ihm ausströmenden Kälte in seiner Persönlichkeit ein Ganzes. — Sobald er aber auftaut, zerfließt er wie das Eis im Sonnenschein zu Wasser.

„Mich interessiert nicht der Roman an sich, sondern nur das Verhältnis der Liebenden, die darin vorkommen." — Das ist so allgemein die geistige Potenz der Leihbibliothekleserinnen.

J. G. Benger.

Peter Roseggers Lebensabend

Rechte Seite: Peter Rosegger am Schreibtisch seines Arbeitszimmers im Krieglacher Landhaus.

Unten: Ausgabe von Roseggerwerken sowie Titelblatt zu *Mein Weltleben*, 1914.

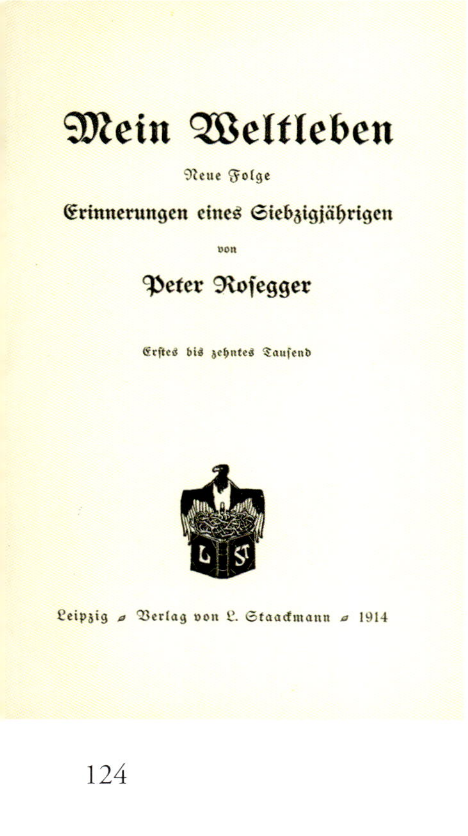

Mein Weltleben

Neue Folge

Erinnerungen eines Siebzigjährigen

von

Peter Rosegger

Erstes bis zehntes Tausend

Leipzig ∘ Verlag von L. Staackmann ∘ 1914

Noch vor dem Weltkrieg war im Staackmann-Verlag die nochmals gründlich redigierte „Ausgabe letzter Hand" erschienen, die Roseggers Gesamtwerk in insgesamt 40 Bänden präsentierte. Die Schüsse von Sarajewo machten der langen Friedensperiode ein Ende. Nach der Kriegserklärung an Serbien war auch Rosegger von der allgemeinen Kriegsbegeisterung erfaßt worden, aber in seinen Gedichten und Kommentaren im *Heimgarten*, dessen Redaktionsleitung er bereits im Jahr 1910 an seinen Sohn Hans-Ludwig übergeben hatte, klingt seine Friedenssehnsucht an. In der von ihm selbst betreuten Kolumne *Heimgärtners Tagebuch* schrieb er 1917: „Vom Frieden noch kein Stern und kein Schein; der Krieg steht auf der Höhe seines Wahnsinns. Wir haben nahezu alle sogenannten Kulturvölker der Erde zu unsern Gegnern, aber – unsere Heere stehen in ihren Ländern. Wir wollen mit dem Schwerte siegen, unsere Todfeinde mit der Lüge. Jene, die nach uns Tagebuch schreiben, werden zu berichten haben vom endlichen Siege der menschlichen Gesittung. Sonst wünsche ich nichts. Und so lege ich mit der Feder auch des Herzens Unruh' hinweg und schließe einen Sonderfrieden mit mir selber."[45]

Rosegger war nun alt geworden. Sein Gesundheitszustand verschlechterte sich und sein Asthmaleiden machte ihm zu schaffen. Von seinem Sohn, dem Komponisten und Mediziner Dr. Sepp Rosegger wurde er ärztlich betreut. Es war der Wunsch des Dichters, seine letzten Tage in Krieglach zu verbringen, so wurde er am 29. Mai 1918 mit einem Rettungswagen zur Eisenbahn und vom Grazer

Schreibtisch in Roseggers Landhaus (Krieglacher Rosegger-museum). Fotografie von Jakob Hiller.

Blick in die Wohnstube in Roseggers Landhaus. Fotografie von Jakob Hiller.

Roseggers Sterbezimmer. Fotografie von Jakob Hiller.

Hauptbahnhof nach Krieglach geführt. Hier starb er, umgeben von seiner Familie, am 26. Juni 1918, mittags um 11.30 Uhr.

Die Medien berichteten sehr eingehend über Roseggers Tod, es gab zahlreiche Nachrufe und Trauerbezeugungen. Der Wiener Gemeinderat rief eine Trauersitzung ein, an der Karl-Franzens-Universität Graz entfielen am Tag seiner Beisetzung alle Vorlesungen. Am 28. Juni wurde er um vier Uhr nachmittags am

LINKS OBEN UND UNTEN: Der greise Peter Rosegger.

RECHTS: Peter Roseggers Sterbehaus in Krieglach. Bildpostkarte.

Krieglacher Friedhof in einem einfachen Grab beigesetzt, dessen Platz er selbst schon einige Jahre vor seinem Tod ausgesucht hatte. Es war auch sein Wunsch, daß auf einem einfachen Lärchenholzkreuz lediglich sein Name Peter Rosegger stehen sollte und nichts weiter. Wenn man noch nach 50 Jahren wissen wird, so meinte er, wer der Rosegger war, dann genüge dies ohnehin.

OBEN: Ausschnitt der Meldung von Roseggers Tod in der *Illustrierten Kronen Zeitung* vom 27. Juni 1918.

Peter Rosegger gestorben.

Ein Telegramm aus Krieglach bei Mürzzuschlag meldet, daß Peter Rosegger gestern kurz nach 11 Uhr vormittags gestorben ist. Der Dichter wird seinen Verfügungen gemäß in einfacher Weise, „wie jeder Krieglacher", am dortigen Ortsfriedhof begraben werden. In den letzten Tagen sind wiederholt Erkundigungen von der Kabinettskanzlei des Monarchen über das Befinden des Dichters eingeholt worden. Auf eine Anfrage von gleicher Stelle, ob eine Teilnahme des Kaiserhauses am Leichenbegängnisse in den Absichten des Dichters erwünscht sei, wurde auf den Wunsch Peter Roseggers nach einfacher Bestattung verwiesen.

RECHTE SEITE: Das einfache Kreuz aus Fichtenholz, das sich Rosegger gewünscht hatte. Fotografie von Jakob Hiller.

UNTEN: Roseggers Beerdigung auf dem Ortsfriedhof von Krieglach.

Peter Rosegger
31. 7.
1843
26. 6.
1918

Peter Rosegger lebte als freier Schriftsteller und Journalist nur von seinen Erzählungen und Reportagen, aufgrund der hohen Auflagezahlen hatte er kein schlechtes Einkommen. Er war fleißig und einfallsreich und hinterließ ein Gesamtwerk von vielen Tausenden von Seiten.

So gibt es wahrscheinlich kaum eine Meinung oder einen Standpunkt, den man nicht mit einem „passenden" Rosegger-Zitat garnieren kann. Wer sich der Mühe unterzieht, sich neben den sonstigen Schriften Roseggers insbesondere auch mit dem *Heimgarten* zu befassen, wird eine Fülle von verschiedensten gesellschaftlichen und politischen Äußerungen Peter Roseggers finden, die aber letztlich immer wieder von Toleranz und Humanität getragen sind. Die Fülle seiner Stellungnahmen erleichterte es den verschiedenen politischen und gesellschaftlichen Lagern, den Dichter immer wieder neu zu bewerten und den jeweils „genehmen" Rosegger herauszustreichen.[46] So ist die Rezeptionsgeschichte der Werke des Peter Rosegger zugleich auch eine Geschichte der Vereinnahmungen, die schon zu seinen Lebzeiten begann und sich nach seinem Tod im Jahr 1918 in der Ersten Republik fortsetzte.

Eine Mürztalerin aus dem Festzug in der Waldheimat ◆ Rechts: Weihestunde vor dem Waldbauernbuben-Denkmal in Krieglach. Gauleiter und Reichsstatthalter Dr. Uiberreither sprach tiefempfundene Worte des Gedenkens ◆ Unten: Dr. Uiberreither im Gespräch mit dem ältesten Sohn des Dichters, Dr. Sepp Rosegger ◆ Aufnahmen: Presse-Hoffmann (Wien)

In der grünen Mark

ROSEGGERS 100. GEBURTSTAG IN DER WALDHEIMAT

Aus allen Orten des Mürztales und von den Höhen einsamer Berghöfe waren Tausende nach Krieglach gekommen, wo Gauleiter und Reichsstatthalter Doktor Uiberreither am Denkmal des Waldbauernbuben Kränze des Reichsministers Dr. Goebbels, des Leiters der Parteikanzlei, Reichsleiters Bormann, und des Gaues Steiermark niederlegte. Dem ältesten Sohn des Dichters, Dr. Sepp Rosegger, wurde in dieser Feierstunde eine Freude ganz besonderer Art bereitet: der Führer ließ ihn durch den Gauleiter in das Führerhauptquartier einladen, um von ihm persönlich das Manuskript des großen Rosegger-Bauernromans „Jakob der Letzte", das die Familie Rosegger dem Führer zugedacht hat, entgegenzunehmen.

Dann ging es hinauf nach Alpl, an die Stätten, an denen „der große Peter einst klein gewesen ist", und hier entfaltete sich ein rechtes steirisches Volksfest mit Lied, Volkstanz und bodenechtem Spiel.

Die Dichter Hans Kloepfer (links) und Paul Anton Keller (rechts), die den größten Vertreter steirischer Dichtung mit einem Kranz der steirischen Schriftsteller ehrten

Bildbericht von den Feierlichkeiten in Krieglach anläßlich Roseggers 100. Geburtstages, *Wiener Illustrierte*, 8. September 1943.

Im Jahr 1927 erwarb die Steiermärkische Landesregierung Roseggers Geburtshaus und machte den Kluppeneggerhof als Gedenkstätte öffentlich zugänglich. In der Ära des Ständestaates zwischen 1933 und 1938 wurde Peter Rosegger für die Stärkung des Österreich- und Heimatbewußtseins herbeigezogen.

Bereits vor dem „Anschluß" Österreichs an das Deutsche Reich im März 1938 bemächtigte sich die immer heftigerwerdende NS-Propaganda der Werke des Heimatdichters, obwohl dieser Texte verfaßt hatte, in denen er sich gegen überzogenen Nationalismus, als auch gegen antisemitische Haltungen wandte. Rosegger war sogar, wenn auch ohne sein Wissen und ohne sein Einverständnis, zum Ehrenmitglied des „Vereines zur Abwehr des Antisemitismus" ernannt worden.[47] Mit seinen Stellungnahmen für das Judentum stand er der nationalsozialistischen Propagandalinie diametral entgegen, dennoch feierte ihn das Regime etwa in einem großen Festakt anläßlich seines hundertsten Geburtstages 1943.

Roseggers Texte fanden jedoch auch in der Propaganda gegen den Nationalsozialismus Verwendung. So veröffentlichte die *Austro American Tribune* mitten im Zweiten Weltkrieg in ihrer deutschsprachigen Ausgabe ein Gedicht von Peter Rosegger, in dem es heißt:

Postwertzeichen mit Rosegger bzw. der Waldheimat während der NS-Zeit.

„Wer da ausmarschiert, um jeden
Fremdgesinnten zu befehden,
Der wird nimmermehr auf Erden
mit der Fehde fertig werden.
Wär' der letzte Feind zertreten,
Stünd allein er am Planeten."[48]

Nach dem Zweiten Weltkrieg wurde Rosegger öfter von der kommunistischen Zeitung *Wahrheit* zitiert und dabei vor allem seine gesellschafts- und sozialkritischen Stellungnahmen aufgegriffen. Die Zeitung entschied sich auch zu einem kompletten Abdruck des Werkes *Jakob der Letzte* in zahlreichen Fortsetzungen.

Heute wird Peter Rosegger gern als grüner Vordenker präsentiert, welcher sich für den Schutz der Natur und eine natürliche Lebensführung einsetzte. Das ist insofern richtig, als sich der Dichter für Lebensreform und für Natur- und Landschaftsschutz einsetzte. Jedoch war Rosegger gleichzeitig auch ein Bewunderer moderner Technik, liebte das schnelle Reisen und hob den Reiz der Geschwindigkeit der Automobile hervor.

Eine Briefmarke der Österreichischen Bundespost anläßlich des 50. Todestages, 1968.

Die Annehmlichkeiten, welche die moderne Technik mit sich bringt, übersah er nicht: „Geradezu wunderbar schön findet es der betagte Mann, im fein eingerichteten Gelaß des Schnellzuges durch das bunte Wandelpanorama der weiten Welt dahinzugleiten, mühelos den hohen Berg hinangetragen zu werden und oben durch das Telephon mit den Lieben in der Ferne persönlich plaudern zu können! Es ist nicht bloß angenehm, durch einen Druck am Knopf die Nacht in Taghelle zu verwandeln, es ist mehr, es ist einfach schön."

Mit Interesse beobachtete er auch die ersten Flugzeuge und begeistert schrieb er darüber: „Das ist die Reisekutsche des zwanzigsten Jahrhunderts. Armes Automobil – alter Zopf!... Ich fliege doch einmal. Und wer fliegen will mit dem Aeroplan, der soll sich sputen, sonst veraltet das Flugzeug." Die Erfindung des Telegraphen, des Autos und des Flugzeuges wurden von ihm mehrmals gewürdigt.[49]

„Wenn es sich dereinst herausstellt, daß die sieghafte Technik die Kulturmenschheit zufriedener, sittlicher, glücklicher machen kann, dann ist sie ein göttlicher Fortschritt. Sonst aber, trotz allem – eine verhängnisvolle Verirrung."

Peter Rosegger, *Höhenfeuer*

Peter Rosegger nahm also durchaus an der technischen Entwicklung Anteil und er setzte sich auch mit der Ästhetik der Technik auseinander: „Hat schon jemand der Schönheit der modernen Technik ein Preislied gesungen? Wenn nicht, so ist es höchste Zeit dazu. Nicht etwa der Nützlichkeit, ich sage der Schönheit unserer technischen Erfindungen. Man wird bisher wohl nur vor Erstaunen nicht dazu gekommen sein, die Dinge in ein ästhetisches System zu bringen, obschon wir jeden Tag fühlen, daß das stolze Dahinfurchen eines Riesendampfers, das Vorbeirasen eines Schnellzuges, das energische Dahingleiten eines elektrischen Wagens, das glatte lautlose Fliegen eines Fahrrades, die dämonische Maschine im Gewerk, die den glühenden Eisenklumpen wie Butter schneidet usw., dem Beschauer ein Behagen bereitet, das dem Kunstgenuß ähnlich ist."[50]

„Nach 200 Jahren möchte ich gerne wieder einmal schauen kommen, wie unsere Erdoberfläche aussieht. Dann wird es sich fragen, ob man dableiben oder gleich wieder untertauchen möchte."

Peter Rosegger an Karl Adolf Bachofen-Echt, 2. März 1908.

Rosegger wußte sich gegen Vereinnahmungen zu wehren und wollte nicht durch ein einseitiges und aus den Zusammenhängen gerissenes Zitieren eingestuft werden. So schrieb er, daß „man jeden Dichter oder Schriftsteller ganz beliebig zu allem Möglichen und Unmöglichen stempeln" könnte: „Man kann Goethe zu einem blutigen Sozialdemokraten, Schiller zu einem fanatischen Klerikalen, Luther zu einem Zyniker, den

„– und so will ich trotz Altersmühsal nicht klagen. Wünschte ich mir doch immer, alt zu werden. Jetzt bin ichs und würde gerne noch älter, wenn's sein könnte."

Rosegger an seinen Sohn Sepp, 5. Februar 1918

heiligen Augustin zu einem Gottesleugner machen. Shakespeare wird sich dafür bedanken, mit seinen Bösewichtern, Cervantes wird sich dagegen verwahren, mit seinen Dummköpfen identifiziert zu werden..."[51]

Eine ausgewogene Wertung der widersprüchlichen Persönlichkeit Peter Roseggers gab die berühmte Autorin Hilde Spiel in ihrer Rede anläßlich der Verleihung des Rosegger-Preises 1985: „Daß er in den wilden Strömungen der Zeit wiederholt die Richtung verlor, seine in kindlicher Einfalt erworbenen Vorurteile nicht gänzlich überwinden konnte, nicht dauernd über seinen Schatten zu springen imstande war, ist zu verstehen. Zeitlebens hat er, wie Ibsen es nannte, ‚dunkler Gewalten Spuk' in sich bekämpft, hat um die wahren Werte gerungen, um Großmut, Toleranz, Hilfsbereitschaft und Nächstenliebe, hat ein guter Mensch sein wollen, auch wenn ihm das nicht immer gelang. Wer wollte ihm darauf einen Vorwurf machen? Er war, wie Conrad Ferdinand Meyer in seinem schönen Gedicht über Ulrich von Hutten schrieb, ‚kein ausgeklügelt Buch / er war ein Mensch mit seinem Widerspruch'. Wie wir alle. Mehr als ein guter Mensch zu sein, wäre schon heiligmäßig. Nach allem, was ich jetzt von ihm weiß, genügt es mir, wie er war."[52]

Roseggers Motto ziert sein Grab in Krieglach: „Unser Ziel sei der Friede des Herzens." Fotografie von Jakob Hiller.

Weiterführende Literatur (Auswahl)

Charlotte **Anderle:** *Der andere Peter Rosegger. Polemik, Zeitkritik und Vision im Spiegel des „Heimgarten" 1876–1918.* 2. Aufl., Wien 1986.

Charlotte **Anderle:** *In ewiger Deinheit. Briefe von Peter Rosegger an einen Jugendfreund,* Wien 1990.

Uwe **Baur**, Gerald **Schöpfer**, Gerhard **Pail** (Hrsg.): *„Fremd gemacht"? Der Volksschriftsteller Peter Rosegger,* Wien 1988.

Wolfgang **Bunte:** *Peter Rosegger und das Judentum. Altes und Neues Testament, Antisemitismus, Judentum und Zionismus,* Hildesheim 1977, (= Judaistische Texte und Studien; Bd. 6).

Reinhard **Farkas** (Hg.): *Rosegger für uns. Zeitloses und Aktuelles aus seiner Zeitschrift „Heimgarten",* Graz 2013.

Wolfgang **Hölzl:** *„Der Großdeutsche Bekenner". Nationale und nationalsozialistische Rosegger-Rezeption,* Frankfurt/M. 1991, (= Europäische Hochschulschriften; Reihe 1, Deutsche Sprache und Literatur; 1236).

Rudolf **Latzke:** *Peter Rosegger – Sein Leben und sein Schaffen,* 1. Band: *Der junge Rosegger,* Weimar 1943. 2. Band: *Der ältere und der alte Rosegger,* Graz-Köln 1953.

Eva **Philippoff:** *Peter Rosegger. Dichter der verlorenen Scholle. Eine Biographie,* Graz 1993.

Wendelin **Schmidt-Dengler** (Hg.): *Peter Rosegger im Kontext,* Wien 1999.

Gerald **Schöpfer**, Wim **van der Kallen**: *Peter Rosegger und die Waldheimat,* Graz 1993.

Gerald **Schöpfer** (Hg.): *Peter Rosegger. 1843–1918.* (Steirische Landesausstellung 1993 Waldheimat, 8. Mai bis 31. Oktober). 2 Bände. Graz 1993.

Gerald **Schöpfer** (Hg.): *Peter Rosegger. Leben und Wirken.* Überarbeitete und gekürzte Neuauflage. Volkskultur Steiermark, Graz 2013.

Ernest **Seillière**: *Peter Rosegger und die steirische Volksseele,* Leipzig 1903.

Dean Garrett **Stroud:** *The Sacred Journey. The Religious Function of Nature Motifs in Selected Works by Peter Rosegger,* (= Stuttgarter Arbeiten zur Germanistik 164), Stuttgart 1986.

Amadee **Vulliod**: *Peter Rosegger,* Leipzig 1913.

Karl **Wagner:** *Die literarische Öffentlichkeit der Provinzliteratur. Der Volksschriftsteller Peter Rosegger,* (= Studien und Texte zur Sozialgeschichte der Literatur 36), Tübingen 1991.

Karl **Wagner:** *Rosegger, Peter.* In: *Neue Deutsche Biographie (NDB).* Band 22, Berlin 2005.

Walter **Zitzenbacher:** *Peter Rosegger. Sein Leben im Roman.* 3. Aufl., Graz 1993.

Bildquellen

STMK. LANDESARCHIV 77, 85. STMK. LANDESBIBLIOTHEK 2, 7, 8, 12 alle, 14, 15 Mitte und unten, 19 alle, 20 alle, 22, 24 alle, 25 oben, 26, 27, 28/29, 30 unten rechts und links, 32, 33, 34, 36 oben, 36 rechts, 37, 38, 39 beide, 40, 41, 42 oben, 43, 44, 47 oben, 48 alle, 50, 51 rechts, 52 alle, 53, 54 alle, 55 alle, 56 alle, 57, 58 alle, 59 alle, 60, 61 alle, 63 alle, 68, 69, 71, 78, 86, 89, 90/91, 92 alle, 93 unten, 102, 103, 104 links, 104 Mitte, 110, 112, 115, 117, 125, 127 links, 128 unten. JAKOB HILLER 1, 10/11, 17, 21, 23, 25/26, 62 unten, 64/65, 82/83, 88, 106/107, 134. SAMMLUNG JAKOB HILLER 12 alle, 24 unten links, 25 unten links, 30 oben, 51 unten rechts, 80/81 alle, 105 alle, 108 rechts, 118 alle, 119, 120, 126 alle. UNIVERSALMUSEUM JOANNEUM 96, 100. SAMMLUNG G. SCHÖPFER 36 unten. ARCHIV VITALIS 3, 4, 9, 13 alle, 15 oben, 16, 31, 35, 42 unten, 45, 46 links, 46 rechts, 47 unten, 49 alle, 51 oben rechts, 62 oben, 66, 67, 70, 72, 73, 74, 75, 76 alle, 84, 87, 94, 97, 98 alle, 99, 101, 109, 111, 116 alle, 119, 121, 124 alle, 127 rechts, 131, 132. ANNO NEWSPAPERS: 122/123, 128, 129, 130. GEMEINDE ST. KATHREIN AM HAUENSTEIN 108 links. ÖNB: 6.

Anmerkungen

[1] Peter Rosegger, *Als ich zum Pfluge kam, Jugendgeschichten aus der Waldheimat*, München, o.J., S. 9ff.
[2] Robert Hamerling, *Vorwort zur ersten Auflage*. In: *Zither und Hackbrett. Gedichte in obersteirischer Mundart von Peter Rosegger*, 8. Auflage, Graz 1923, S. V–VI.
[3] Peter Rosegger, *Am Wanderstabe meines Lebens*. In: *Am Wanderstabe*, 8. Auflage, Leipzig 1905, S. 391f.
[4] Franz Haslinger, *Peter Rosegger als Handelsakademiker*. In: Franz Leskoschek (Hg.), *100 Jahre Bundeshandelsakademie Graz 1863–1963*, Graz 1963, S. 87ff.
[5] Peter Rosegger, *Am Wanderstabe meines Lebens*. In: *Am Wanderstabe*, 8. Auflage, Leipzig 1905, S. 394f.
[6] Roseggers eigenhändig verfaßte Lebensbeschreibung aus 1858. Zit. In: Franz Haslinger, *Peter Rosegger als Jünger Merkurs und Apolls (1865–1869)*, Graz, 1964, S. 21f.
[7] Franz Haslinger, *Peter Rosegger als Handelsakademiker*. In: Franz Leskoschek (Hg.), *100 Jahre Bundeshandelsakademie Graz 1863–1963*, Graz 1963, S. 245f.
[8] Peter Rosegger, *Als ich in steirischer Mundart reiste*. In: *Heimgarten*, 3. Jg., Nr. 7, April 1879, S. 528–532.
[9] Herbert Matis, *Österreichs Wirtschaft 1848–1913*, Berlin 1972, S. 173ff. Siehe ferner David Good, *Der wirtschaftliche Aufstieg des Habsburgerreiches 1750–1914*, Wien 1986, S. 146ff.
[10] Peter Rosegger, *Was der Fortschritt versprochen hat*. In: *Heimgarten*, 17. Jg., 1892, S. 130f.
[11] Peter Rosegger, *Der Friede zwischen Kirche und Gesellschaft*. In: *Heimgarten*, 12. Jg., 1888, S. 513.
[12] Peter Rosegger, *Der Friede zwischen Kirche und Gesellschaft*. In: *Heimgarten*, 12. Jg., 1888, S. 514.
[13] Peter Rosegger, *Wie heute Berggemeinden untergehen*. In: *Heimgarten*, 8. Jg., 1883, S. 53–58.
[14] Peter Rosegger, *Erdbeben von Laibach*. In: *Heimgarten*, 19. Jg., 1895, S. 711–716.
[15] Peter Rosegger, *Erdbeben von Laibach*. In: *Heimgarten*, 19. Jg., 1895, S. 711–716.
[16] Peter Rosegger, *Der Kronprinz*. In: *Heimgarten*, 13. Jg., 1889, S. 467–471.
[17] Peter Rosegger, *Heimgarten*, 26. Jg., 1902, S. 685–688.
[18] *Was an unserem Franckdenkmal noch zu geschehen hat*. In: *Heimgarten*, 26. Jg., 1902, S. 712.
[19] Spendenliste Schulhausbau, *Heimgarten*, 26. Jg., 1901, S. 239f.
[20] Peter Rosegger, *Eine Anklage in Bezug auf die Kinderpflege der Älpler*. In: *Heimgarten*, 2. Jg., 1878, S. 773–776.
[21] *Was ein Fabriksarbeiter an seinen Bruder schreibt*. In: *Heimgarten*, 14. Jg., 1890, S. 766–769.
[22] Peter Rosegger, *Aus dem Reiche Gottes auf Erden*. In: *Heimgarten*, 12. Jg., 1888, S. 528–531.
[23] Ernst Mischler, *Das Armenwesen in Steiermark*. In: *Statistische Mitteilungen über Steiermark*, 1. Heft, Graz 1896.
[24] Peter Rosegger, *Von Gabriel dem Schwärmer*. In: *Heimgarten*, 1. Jg., 1876, S. 184f.
[25] *Postkarten des Heimgartens*. In: *Heimgarten*, 26. Jg., Nr. 12, September 1902, S. 960.
[26] Peter Rosegger, *Gedanken in schlaflosen Nächten*. In: *Heimgarten*, 18. Jg., 1894, S. 360–363.
[27] Peter Rosegger, *Ein Empfangstag im Elysium*. In: *Heimgarten*, 13. Jg., 1889, S. 736–742.
[28] Peter Rosegger, *Der Weltfeiertag*. In: *Heimgarten*, 14. Jg., 1890, S. 703–708.
[29] Siehe den Artikel *Der Übergangene*. In: *Arbeiterzeitung*, Nr. 357, Wien, 29.12.1909.
[30] Siehe z.B. den Artikel *Peter Rosegger über die Sozialdemokraten*. In: *Arbeiterzeitung*, Nr. 64, Wien, 5.3.1899. Ferner: *Rosegger will sich entschuldigen*. In: *Arbeiterzeitung* Nr. 16, Wien, 17.1.1906; oder *Deutsche Arbeiter an Peter Rosegger*. In: *Arbeiterzeitung* Nr. 57, Wien, 27.1.1910.
[31] *Postkarten des Heimgartens*. In: *Heimgarten*, 3. Jg., 1879, S. 560.
[32] *Postkarten des Heimgartens*. In: *Heimgarten*, 8. Jg., 1883, S. 80.
[33] *Postkarten des Heimgartens*. In: *Heimgarten*, 8.Jg., Nr.5, Februar 1884, S. 400.
[34] *Postkarten des Heimgartens*. In: *Heimgarten*, 20. Jg., 1896, S. 560.
[35] *Postkarten des Heimgartens*. In: *Heimgarten*, 1. Jg., Nr. 7, April 1877, S. 560.
[36] Peter Rosegger, *Wie der Franzel aus Bosnien zurückkehrt*. In: *Heimgarten*, 3. Jg., 1879, S. 310ff.
[37] Peter Rosegger, *Die Waffen nieder!* In: *Heimgarten*, 16. Jg., 1891, S. 144ff.
[38] Peter Rosegger, *Meine Meinung über die Berechtigung der Friedenfreunde*. In: *Heimgarten*, 16. Jg., 1892, S. 772–775.
[39] Peter Rosegger, *Spaziergänge in der Schweiz*. In: *Heimgarten*, 17. Jg., 1892, S. 114–121.
[40] Peter Rosegger, *Krieg dem Kriege! (Rezension)*. In: *Heimgarten*, 16. Jg., 1891, S. 127ff.
[41] Peter Rosegger, *Wie kann das Völker-Schiedsgericht einen Krieg verhindern?* In: *Heimgarten*, 19. Jg., 1895, S. 886f.
[42] Peter Rosegger, *Heimgärtners Tagebuch*. In: *Heimgarten*, 38. Jg., 1914, S. 935f.
[43] Peter Rosegger, *Heimgärtners Tagebuch*. In: *Heimgarten*, 41. Jg., 1917, S. 939.
[44] Wendelin Schmidt-Dengler – Karl Wagner (Hg.), *Peter Rosegger im Kontext*, Wien 1999, S. 222ff.
[45] Peter Rosegger, *Heimgärtners Tagebuch*, 31. August 1917.
[46] Siehe dazu im Detail: Gerald Schöpfer (Hg.), *Peter Rosegger – Leben und Wirken*, Graz 2013.
[47] *Postkarten des Heimgartens*. In: *Heimgarten*, 17. Jg., Nr. 7, April 1893, S. 560.
[48] *Austro American Tribune*, New York, Anti-Nazi-Monthly, Nr. 1, August 1944. Archiv: Presse-Dokumentationsstelle der Arbeiterkammer für Wien.
[49] Peter Rosegger, *Heimgarten*, 1877, S. 59f und S. 75.
[50] *Am Brenner, 1899*. In: *Alpensommer*, 1928, S. 193ff.
[51] Peter Rosegger, *Heimgarten*, 11. Jg., Nr. 5, Februar 1887, S. 354–357.
[52] Hilde Spiel, *In Roseggers Namen? Rede über die Ambivalenz eines Schriftstellers*. In: Frankfurter Allgemeine Zeitung, Nr. 54, 5.3.1986.

www.vitalis-verlag.com